MANUAL DO ESTOICISMO

EPICTETO é considerado nome central da escola filosófica do estoicismo. Nasceu por volta do ano 50 E.C., em Hierápolis, na Frígia (região que hoje corresponde à Turquia), e morreu por volta de 135, em Nicópolis, na Grécia. Nascido na escravidão, a alcunha que recebeu significa "adquirido". Epicteto teria chegado a Roma como servo de Epafrodito, secretário (encarregado de receber petições) de Nero. Seu grande professor de filosofia foi Caio Musônio Rufo, mencionado em suas *Diatribes*. Ao tornar-se livre, virou filósofo-orador nas ruas de Roma (cf. *Diatribes* II.12.17-25). Após ter sido expulso de Roma por Domiciano, retirou-se para Nicópolis, cidade localizada na entrada do golfo Ambrácico. Epicteto viveu na pobreza tanto em Roma quanto em Nicópolis. Ao final da vida tomou uma serva para ajudá-lo a criar um menino que ele adotara. Entre seus discípulos estava Flávio Arriano, que compilou seus ensinamentos no formato deste *Manual*. Seu pensamento influenciou de forma decisiva o imperador Marco Aurélio, autor de *Meditações*.

ALDO DINUCCI tem mestrado (1996-8) e doutorado (1998-2002) em filosofia pela PUC-Rio, com pós-doutorados em filosofia pelo IFCS/UFRJ (2014-5) e pela UnB (2016), além de dois pós-doutorados em filosofia pela University of Kent (Reino Unido) (2015 e 2019-20). Pesquisador em produtividade do CNPq entre 2016 e 2018 e novamente a partir de 2022, além de ser pesquisador da Academia Britânica (2018-23), é atualmente professor titular do departamento de filosofia da UFES e pesquisador honorário da University of Kent (Reino Unido). Atua em pesquisas e traduções de fontes primárias nas áreas de História da Filosofia Helenística e Tardo-Antiga, notadamente Estoicismo. É dele a tradução de *Meditações*, de Marco Aurélio, publicada em 2024 pela Penguin-Companhia.

ALFREDO JULIEN é doutor em história social pela Universidade de São Paulo (USP) e tem pós-doutorado em educação, artes e história da cultura na Universidade Presbiteriana Mackenzie (2020). Especializou-se na língua grega e trabalhou no ensino universitário federal ministrando a disciplina de História Antiga. Atualmente, é aposentado.

EPICTETO

Manual do estoicismo

Tradução de
ALDO DINUCCI
ALFREDO JULIEN

Textos de introdução e notas de
ALDO DINUCCI

COMPANHIA DAS LETRAS

Copyright © 2025 by Penguin-Companhia das Letras
Copyright da introdução © 2025 by Aldo Dinucci

Grafia atualizada segundo o Acordo Ortográfico da Língua Portuguesa
de 1990, que entrou em vigor no Brasil em 2009.

Penguin and the associated logo and trade dress are registered
and/or unregistered trademarks of Penguin Books Limited and/or
Penguin Group (USA) Inc. Used with permission.

Published by Companhia das Letras in association with
Penguin Group (USA) Inc.

TÍTULO ORIGINAL
Ἐγχειρίδιον Ἐπικτήτου

PREPARAÇÃO
Fábio Fujita

REVISÃO
Clara Diament
Carmen T. S. Costa

Dados Internacionais de Catalogação na Publicação (CIP)
(Câmara Brasileira do Livro, SP, Brasil)

Epicteto, 50-138.
   Manual do estoicismo / Epicteto ; tradução Aldo Dinucci,
Alfredo Julien ; textos de introdução e notas de Aldo Dinucci. —
1ª ed. — São Paulo : Penguin-Companhia das Letras, 2025.

   Título original: Ἐγχειρίδιον Ἐπικτήτου.
   ISBN 978-85-8285-227-9

   1. Ética 2. Conduta 3. Estoicos I. Dinucci, Aldo. II. Julien,
Alfredo. III. Título.

25-273153   CDD-188

Índice para catálogo sistemático:
1. Filosofia estoica 188
Aline Graziele Benitez — Bibliotecária — CRB-1/3129

Todos os direitos desta edição reservados à
EDITORA SCHWARCZ S.A.
Rua Bandeira Paulista, 702, cj. 32
04532-002 — São Paulo — SP
Telefone (11) 3707-3500
www.penguincompanhia.com.br
www.blogdacompanhia.com.br
www.companhiadasletras.com.br

Sumário

MANUAL DO ESTOICISMO	7
Introdução ao *Manual*	9
O MANUAL	31
Notas	57
Referências	73
AS DIATRIBES	85
Introdução às *Diatribes*	87
Carta-prefácio de Flávio Arriano	93
Diatribe 1.1	95
Diatribe 1.2	99
Diatribe 1.3	103
Diatribe 1.4	105
Notas	109
Referências	123
OS FRAGMENTOS	133
Introdução aos fragmentos	135
Fragmentos de Musônio Rufo e Epicteto	141
Fragmentos das *Diatribes*, das *Memoráveis* de Epicteto e de outros escritos de Arriano	144
Fragmentos de Epicteto citando Agripino	151
Fragmentos de Epicteto em Marco Aurélio Antonino	152
Fragmentos de Epicteto em Aulo Gélio e Arnóbio	154
Fragmentos de autoria duvidosa e espúrios	157
Notas	159
Referências	165

Manual do estoicismo

Introdução ao *Manual*

ALDO DINUCCI

NOTA BIOGRÁFICA SOBRE EPICTETO, EPAFRODITO E MUSÔNIO

As informações sobre a vida de Epicteto nos vêm de três fontes principais: Aulo Gélio,[1] Simplício[2] e Suidas.[3] Diz--nos a Suda:

> De Hierápolis, [uma cidade] da Frígia; [1] um filósofo; um escravo [2] de Epafrodito, um dos guarda-costas do imperador Nero. [3] Estropiado em uma perna em razão de reumatismo, [4] viveu em Nicópolis, [5] [uma cidade] da [província de] Épiro [...]. [6] Sua vida se estendeu até o reinado de Marco Antonino. [7] Escreveu muitos livros.[4]

Epicteto confirma ter sido escravo em *Diatribes* I.9.29 e I.19.21. Uma inscrição em sua homenagem[5] descoberta em Pisídia,[6] de autoria de um certo Leontianus, bem como epigramas citados por João Crisóstomo,[7] Macróbio[8] e Simplício,[9] confirmam ter sido Epicteto um escravo. Sua alcunha, segundo alguns, era comumente dada a escravos e significa "Adquirido".[10] Colardeau[11] sugere, porém, que seu nome designava uma parte da Frígia que, naqueles tempos, fora anexada ao Império Romano, tendo sido conferido ao futuro filósofo para designar sua terra natal.

Epicteto teria chegado a Roma como servo de Epafrodito, secretário (encarregado de receber petições) de Nero,[12] segundo Suetônio,[13] chefe dos guarda-costas de Nero, segundo Suidas. Epafrodito, a quem Epicteto se refere negativamente algumas vezes nas *Diatribes*,[14] ajudou Nero a se suicidar quando este foi proclamado inimigo de Roma pelo Senado em 68, pelo que mais tarde foi condenado à morte por Domiciano.[15] A divergência quanto à função de Epafrodito na corte de Nero pode ser explicada por ter sido de fato secretário no princípio de sua carreira, sendo posteriormente, como prêmio por ter auxiliado Nero no episódio da conspiração de Pisão,[16] encarregado da segurança pessoal do imperador, o que explicaria tê-lo acompanhado nos seus momentos derradeiros, auxiliando-o no suicídio. Além disso, alguns historiadores creem que se trata do mesmo Epafrodito a quem Flávio Josefo[17] dedica seus escritos.[18]

Epicteto se refere ao fato de claudicar em *Diatribes* I.8.14 e I.16.20. Fontes antigas afirmam que sua deficiência física teria decorrido da crueldade de Epafrodito.[19] Epicteto também é apontado como alguém que claudica (*cholos*) ou com debilidade física (*soma asthenes*) por Simplício.[20] Outros dizem ainda que Epicteto fora mutilado pela violência que teria sofrido de um "tirano na Macedônia".[21] Porém, tais testemunhos podem simplesmente supor como fato o que é dito pelo próprio Epicteto em *Diatribes* I.19.8,[22] razão pela qual Schenkl[23] dá mais crédito à versão de Suidas, pois vê um caráter apotegmático naqueles relatos de maus-tratos, pelos quais se opõe a liberdade interior à escravidão do corpo, tema recorrente em Epicteto.

Não é possível determinar precisamente as datas de nascimento e morte de Epicteto. A partir de *Diatribes* IV.5.17, podemos inferir que estava vivo sob Trajano.[24] Em *Diatribes* III.7, Epicteto conversa com um *corrector*[25] que alguns historiadores supõem ser o mesmo Máximo mencionado por Plínio em uma carta.[26] Como essa carta é de 108,

INTRODUÇÃO

estima-se que Epicteto morreu depois de tal data. Suidas, como vimos acima, afirma que Epicteto estaria vivo sob Marco Aurélio,[27] o que não é o caso, pois Epicteto deveria ter vinte anos quando de sua expulsão de Roma por Domiciano em 95[28] e, assim tão novo, não poderia ser um filósofo renomado. Talvez o autor da Suda se ampare em Marco Aurélio 1.7 e 19, passagens nas quais o imperador fala com admiração de Epicteto, o que poderia levar o leitor desavisado a crer que Marco o tivesse conhecido. Temístio,[29] por sua vez, afirma que Epicteto estava vivo sob os Antoninos, ou seja, sob Marco Aurélio ou Antonino Pio,[30] que chegou ao poder em 138,[31] o que também não é factível. O mais provável é que Epicteto tenha morrido na altura da metade do reinado de Adriano.[32] Se assim for, Epicteto teria nascido por volta do ano 50 em Hierápolis (cujas ruínas se localizam ao lado da atual Pamukkale, na Turquia), sítio famoso por suas fontes termais,[33] então uma importante cidade da Frígia meridional situada aos pés do monte Mesogis, diante da Laodiceia. De acordo com Aélio Espartano,[34] Epicteto era amigo de Adriano, o que pode ser verdade, já que, em *Diatribes* III.13.4, Epicteto se refere positivamente à Pax Romana à qual Adriano estava intimamente associado. A partir desses cálculos e conjecturas, Schenkl[35] estima as datas de nascimento e de morte de Epicteto entre 50 e 138, supondo que ele estaria vivo sob Adriano e morto antes dos noventa anos. Dobbin,[36] embora concordando que isso é consistente com as fontes, prefere, dada sua imprecisão, dizer simplesmente que Epicteto floresceu em 110.

Segundo Millar,[37] não há evidências claras de que Epicteto estivesse em Roma no reinado de Nero, embora o próprio Epicteto se refira a vários eventos que aconteceram então: a resposta do cínico Demétrio[38] diante da ameaça de morte de Nero (*Diatribes* 1.25.22), a discussão entre Pacônio Agripino[39] e Floro[40] sobre se este deveria participar do espetáculo teatral de Nero (*Diatribes* 1.2.12-18), a execução de Laterano[41] em 65 (*Diatribes* I.I.19), a conversa entre Trásea Peto[42] e Musônio[43] sobre seu exílio (*Diatribes* I.I.26-27), a reação de Pacônio Agripino ao saber de seu exílio em 66 (*Diatribes* I.I.28-32). Para Millar, tudo o que podemos saber com certeza é que Epicteto estava em Roma no período dos imperadores Flavianos,[44] quando era amigo e discípulo de Rufo.[45] Epicteto menciona uma anedota de Rufo relativa à morte de Galba[46] (*Diatribes* III.15.14) e se refere a uma conversa entre ele e Rufo acerca do incêndio do Capitólio em 69 (ou em 80 — cf. *Diatribes* I.7.32). Em outra oportunidade, fala sobre a crueldade de Epafrodito (*Diatribes* I.9.29-30). Epicteto ainda cita Eufrates,[47] discípulo de Musônio (*Diatribes* I.15.8; IV.8.17-20), e traz à baila uma conversa entre Helvídio Prisco[48] e Vespasiano (*Diatribes* I.2.19-21; cf. IV.1.123), a qual, se verdadeira, teria ocorrido entre 71 e 72.[49] Epicteto faz várias alusões a cenas romanas, como o aqueduto Aqua Marcia (*Diatribes* II.16.30-1), o altar da Febre no Palatino (*Diatribes* I.19.6), cenas do circo ou do teatro (*Diatribes* I.11.27; I.29.37), da Saturnália[50] (*Diatribes* I.25.8; I.29.31; IV.1.58), a libertação de um escravo diante do pretor (*Diatribes* II.1.26-7), o seu encontro com um cônsul nas ruas[51] (*Diatribes* III.3.15 e 17) e a eleição de um tribuno (*Diatribes* I.19.24).

Quanto a Caio Musônio Rufo, professor de filosofia de Epicteto, que o menciona em *Diatribes* I.I.27 e I.9.29, observando que ainda era escravo quando era aluno dele, Suidas nos diz ser ele um tirreno (etrusco), natural de Volsínios, um filósofo dialético e um estoico. Musônio foi filósofo ativo entre os reinados de Nero e de Trajano. Foi exilado por Nero e enviado para a ilha de Gyaros em 65.[52] Sua vida se estendeu de 30 a 90 ou 100, sobrevivendo até os Flavianos. Chegaram-nos, em parte, suas *Diatribes*, escritas por um certo Lúcio. A edição crítica de sua obra é de autoria de Hense,[53] que deve ser complementada por um papiro incluído na edição de Cora Lutz.[54]

Depois de ser aluno de Rufo, Epicteto se tornou filósofo-

INTRODUÇÃO   13

-orador nas ruas de Roma (*Diatribes* II.12.17-25). Depois
de ter sido expulso de Roma por Domiciano, Epicteto se
retirou para Nicópolis,[55] cidade localizada na entrada do
golfo Ambrácico, no Épiro, fundada por Augusto em co-
memoração à sua vitória na batalha de Actium.[56] Havia
duas províncias com o nome de Épiro: Epirus Vetus (Épiro
Velha) e Epirus Nova (Épiro Nova), ambas estabelecidas
sob Domiciano e conhecidas até a era bizantina. Nicópolis, diferentemente do que anuncia a Suda, era a capital de
Epirus Vetus, e Dirráquio, a capital de Epirus Nova.

   É possível que Epicteto tenha recebido a visita de Adriano em Nicópolis ou o tenha conhecido em Atenas. Souilhé,[57]
porém, argumenta que os textos de Filóstrato e Luciano
citados por Schenkl[58] nada provam quanto a isso e que a
passagem das *Diatribes* (III.21) a partir da qual se depreende
que Epicteto tinha conhecimento dos mistérios de Elêusis
não constitui prova de que Epicteto tenha efetivamente
viajado para Atenas.

   Epicteto foi influenciado pela resistência de alguns estoicos (Helvídio Prisco, entre outros) aos imperadores romanos Nero, Vespasiano e Domiciano na segunda metade do primeiro século (cf. *Diatribes* I.1.18-32; I.2.19-24).
O aspecto político do ensino de Epicteto poderia ter sido
considerado subversivo (cf. *Diatribes* I.29.9), e essa talvez
seja a razão pela qual Arriano[59] não publicou espontaneamente as *Diatribes* e o *Manual*.

   O reconhecimento de Epicteto na Antiguidade é teste-
munhado por Favorino,[60] protegido de Adriano.[61] Aulo
Gélio também nos informa[62] que Herodes Ático[63] considerava Epicteto o maior dos estoicos, o que indica que os
textos de Epicteto circulavam depois de sua morte e que
Epicteto já era então renomado. Marco Aurélio[64] exal-
tou Epicteto diversas vezes e chegou a estabelecê-lo ao
lado de Crisipo e Sócrates. Galeno,[65] contemporâneo de
Marco Aurélio, escreveu um livro[66] (hoje perdido) no qual
defendia Epicteto das críticas de Favorino. Por Orígenes,[67]

Epicteto é citado seis vezes, sendo particularmente interessante uma passagem de *Contra Celsum*,[68] na qual nos diz que Epicteto era mais popular em seus dias do que Platão. No século vi, Simplício e seu comentário atestam a continuidade do renome de Epicteto.

Epicteto viveu na pobreza tanto em Roma quanto em Nicópolis. Ao final da vida, tomou uma serva para ajudá-lo a criar um menino que ele adotara, pois a criança iria ser exposta pelo pai que se encontrava em extrema miséria.[69]

A QUEM SE DESTINA E PARA QUE SERVE O *MANUAL* (*ENCHEIRIDION*), DE EPICTETO

O termo grego *encheiridion* se diz do que está à mão, sendo equivalente ao termo latino *manualis*, "manual" na nossa língua. Significa também "punhal" ou "adaga", equivalente ao latino *pugio*, arma portátil usada pelos soldados romanos atada à cintura. Simplício, em seu *Comentário ao Encheiridion de Epicteto*, nos diz que Arriano "sintetizou as coisas mais importantes e necessárias em filosofia a partir das palavras de Epicteto para que estivessem à vista e à mão" (192 20 s.). Assim, o *Manual* serve como uma introdução não aos que ignoram a filosofia estoica, mas, antes, àqueles já familiarizados com os princípios do estoicismo, para que tenham uma síntese que possam sempre levar consigo e utilizar. Tal uso se relaciona à tradição estoica da meditação diária, para o que o *Manual* serviria de guia e inspiração. Epicteto discorre sobre esse tema nas *Diatribes* em diversas ocasiões (1.1.25; 1.27.6 ss.; II.1.29; III,10,1). Marco Aurélio Antonino, cuja obra póstuma, as *Meditações*, consiste justamente nessa atividade, compara os princípios da filosofia com os instrumentos da medicina, afirmando que "os médicos, que sempre têm à mão os instrumentos de sua arte, devem ser imitados" (III.13; cf. IV.3). Sêneca se refere à prática da meditação

INTRODUÇÃO

diária na *Carta a Lucílio* XCIV e em *Dos benefícios* VIII,
1. Cícero se refere igualmente a essa prática no *De Natura
Deorum* (L.I.30) e no *De Finibus* (L.II.7).

Ainda no proêmio de seu *Comentário* (192-193), Simplício menciona uma carta — que prefaciava, na Antiguidade,
o *Manual* — de Arriano a um certo Messaleno. De acordo
com Simplício, tal carta asseverava que o objetivo do *Manual* é, ao encontrar pessoas capazes de serem persuadidas
por ele, não apenas as afetar através de palavras, mas fazer
com que de fato apliquem às suas vidas as ideias contidas
nele, libertando suas almas. Simplício afirma que as palavras do *Manual* são efetivas, capazes de agitar a alma de
qualquer um que não esteja totalmente mortificado.

Simplício observa também que, na perspectiva epictetiana, a alma precisa se libertar das emoções irracionais e
que as coisas externas devem ser usufruídas de modo consistente com o bem genuíno (193 30 ss.). Uma das caracte-
rísticas do pensamento epictetiano notadas por Simplício
é que quem o põe em prática pode alcançar a felicidade
sem a promessa de recompensa post mortem para a virtude. Como salienta Simplício: "Mesmo supondo-se a alma
mortal e destrutível junto com o corpo, ainda assim [...]
qualquer um que viva de acordo com esses preceitos será
genuinamente feliz [...] já que terá atingido sua própria
perfeição e alcançado o bem que lhe é próprio" (194).

Simplício, notando que as palavras do *Manual* são enér-
gicas e gnômicas, mantendo entre si certa relação e ordem
lógica, objetivando a arte que retifica a vida humana e
elevando a alma humana ao seu próprio valor (194 15
ss.), entende que o *Manual* não se dirige nem ao asceta,
nem ao humano teórico, que se distanciam das coisas do
corpo, mas visa ao humano que tem o corpo como um
instrumento e que deseja ser um genuíno humano e recon-
quistar a nobreza de sua ancestralidade, com a qual Deus
agraciou os humanos. Quanto a isso, diz-nos Simplício:
"Alguém assim deseja ardentemente que sua alma racio-

nal viva como ela é por natureza, governando o corpo e transcendendo-o, usando-o não como uma parte coordenada, mas como um instrumento" (195 50 ss.).

Simplício (196 ss.) ressalta ainda que, no *Manual*, Epicteto parte da tese sustentada por Sócrates no *Alcibíades I* (I 129 c7), segundo a qual o ser humano genuíno é uma alma racional que usa o corpo como um instrumento. Simplício, assim, formaliza tal argumento de Sócrates no *Alcibíades I*:

I. O humano usa suas mãos para trabalhar;

II. Quem usa algo se distingue daquilo que usa como instrumento;

III. Ora, é necessário que o humano seja ou o corpo, ou a alma, ou combinação de ambos. Mas se a alma governa o corpo e não o contrário, o humano não é o corpo e nem, pela mesma razão, é a combinação de ambos;

IV. Disso decorre que o corpo não se move por si mesmo e é um cadáver, pois é a alma que o move;

V. Consequentemente, o corpo tem status de instrumento em relação à alma.

RECEPÇÃO E TRANSMISSÃO DO *MANUAL*, DE EPICTETO: DA ERA BIZANTINA AOS NOSSOS DIAS

Entre os bizantinos, é tangível o prestígio do *Manual*: três paráfrases cristãs nos chegaram, uma falsamente atribuída a Nilo, outra conhecida como *Paraphrasis Christiana* e aquela que se encontra no manuscrito Vaticanus gr. 2231. A do pseudo-Nilo (em cujo texto falta o nome do autor) foi atribuída a Nilo porque, em alguns códices, tal opúsculo aparece entre as obras deste último (cf. o códice Vaticanus Ottobonianus gr. 25, lavrado entre 1563 e 1564). Ignora-se quando tal opúsculo foi composto. O texto mais antigo, presente no códice Marcianus gr. 131, foi lavrado

INTRODUÇÃO 17

no século XI. A *Paraphrasis Christiana* foi composta pouco antes do ano de 950. O *Encheiridion Christianum* foi descoberto por Spanneut no códice Vaticanus gr. 2231, lavrado entre os anos de 1337 e 1338.[70]

A história da difusão do texto deste *Manual* na Europa começa na Renascença italiana. Niccolò Perotto (1430-80) foi o primeiro a verter o *Manual* para o latim, em 1450. Perotto estava ligado ao cardeal Bessarion, cristão bizantino que, tendo chegado a Roma e se convertido ao catolicismo, trouxe consigo os tesouros culturais de sua terra natal, assim como o anseio de torná-los conhecidos aos europeus. Perotto foi incumbido dessa tarefa no que se refere a Epicteto e traduziu o *Manual* tal como nos é apresentado por Simplício em seu *Comentário*. Há uma excelente edição moderna dessa tradução.[71]

Depois de Perotto, Ângelo Policiano (1454-94) realizou uma tradução do *Manual* que, publicada em 1497, se tornaria extremamente influente ao longo dos séculos seguintes. Policiano era um protegido dos Médici, tendo acesso à famosa biblioteca de Lourenço de Médici, a quem dedicou e presenteou a referida tradução em 1479. Sendo um entusiasta da Renascença, Policiano percebeu em Epicteto uma mensagem filosófica compatível com aqueles dias: o desenvolvimento autônomo da alma racional. Policiano tinha em mãos dois manuscritos incorretos e com muitas lacunas. Ao perceber que havia ainda mais manuscritos assim, corrigiu o texto tomando por base o *Comentário*, de Simplício. Em sua tradução, o *Manual* é dividido em três partes: uma que trata da divisão entre o que está e o que não está sob nosso encargo, outra dedicada aos humanos que progridem moralmente através da filosofia estoica e, por fim, a que trata dos deveres. A versão de Policiano dominou a primeira parte do século XVI. Essa tradução pode ser encontrada na excelente tradução italiana do *Manual* realizada por Enrico Maltese.[72]

Em 1535, Trincavelli, um médico humanista toscano,

publicou uma edição em grego do *Manual* e das *Diatribes*, objetivando difundir a obra de Epicteto. A versão de Trincavelli se baseia em duas edições idênticas do texto grego que haviam sido recentemente publicadas: uma de 1529, de Haloander, em Nuremberg, e outra de 1531, de Cratander, em Bâle.

Em 1546, o gramático Caninius, que lecionou em Pádova e Roma e posteriormente se transferiu para a França, publicou, em Veneza, o *Comentário ao Manual*, de Simplício. Antes dele, porém, algumas edições do *Manual* haviam sido lançadas em solo francês: as duas de Neobarius (1540), uma contendo o texto em grego do *Manual* e outra com o texto em grego e a tradução de Policiano, e a de um certo professor de grego chamado Tusanus ou Toussaint (1552), ligado ao círculo de Erasmo de Roterdã, que reeditou a versão do texto em grego apresentada por Neobarius. A tradução de Policiano chegaria à Alemanha, publicada pelo humanista e helenista Jacobus Scheggius, em 1554. Em 1560, Hieronymus Wolf publicou sua versão latina do *Manual*, que se tornou popular, ganhando reimpressões até o século XVIII.

Em 1605, um missionário jesuíta postado na China de nome Matteo Ricci publicou uma tradução de parte do *Manual* em ideogramas chineses por ver em Epicteto uma ponte entre os pensamentos cristão e confuciano.[73]

No século XVI, começaram a surgir as primeiras traduções em línguas vernáculas do *Manual*. Oldfather[74] sugere que a mais antiga dessas traduções seja a de Jacob Schenk (Basileia, 1534), que, tomando a edição latina de Policiano, verteu o *Manual* para o alemão.[75] Antoine du Moulin foi o primeiro a publicar uma tradução francesa da obra em 1544. Em vez de traduzir o texto grego, Moulin se apoiou na versão latina de Policiano. Talvez seja essa tradução à qual Rabelais se refere quando, no livro II de *Pantagruel*,[76] afirma que "Vejo Epicteto elegantemente vestido à francesa".

Depois de Moulin, temos a tradução de 1567 do cris-

INTRODUÇÃO 19

tão neoestoico Rivaudeau, nobre por origem e protestante. Guillaume du Vair foi o próximo a traduzir o *Manual*, publicando seu trabalho em 1591, uma tradução que se tornou clássica, com uma linguagem afeita ao século XVII francês. Vair, um neoestoico que escreveu outras obras influentes sobre o estoicismo,[77] foi o primeiro católico a traduzir o *Manual* para o francês.[78]

Em italiano, destaca-se, sobretudo, a versão de vulgarização do poeta Giacomo Leopardi,[79] que não a publicou em vida. Tendo concluído sua versão em 1825 e confiado os manuscritos ao seu editor, seu trabalho só foi publicado, juntamente com um prefácio do poeta, em 1854. Tal versão também pode ser encontrada na edição de Maltese do *Manual* já mencionada anteriormente.

Em nossa língua, só temos notícia de três traduções do *Manual*: uma de 1959, outra de 2007, além de uma antiga edição portuguesa de 1785, realizada por Antonio de Souza, bispo de Vizeu e filho do célebre Martim Afonso de Sousa. Na introdução da obra (1785, p. iii), somos informados de que tal tradução foi originalmente publicada anonimamente em 1594, com segunda edição em 1595. Passaram-se então 190 anos até que a terceira edição viesse à luz, através de um certo Luiz Antonio de Azevedo.

No século XX, multiplicaram-se as traduções em línguas modernas do *Manual*, de Epicteto, entre as quais as de Gourinat (1998), Boter (1999), Oldfather (1927), White (1983), Hadot (2000), Maltese (1990) e Ortiz García (Epicteto,1995a; 1995b).

SOBRE A DIVISÃO EM CAPÍTULOS
DO *MANUAL*, DE EPICTETO

Boter[80] observa que há três modos básicos de dividir o texto do *Manual*: o inaugurado pela edição de Haloander (1529), que divide o texto em 62 capítulos; o introduzido por Wolf

(1560), que divide o texto em 79 capítulos; e o de Upton (1741), que divide o texto em 52 capítulos. Este último é seguido por Schweighäuser, que divide ainda o capítulo 50 em dois, perfazendo ao todo 53 capítulos (tal é a divisão que prevalece em todas as edições subsequentes). Boter mantém a divisão em números de Schweighäuser, embora subdividindo quatro capítulos em dois (capítulos 5, 14, 19, 48). Boter observa que a subdivisão do capítulo 5 é sustentada de modo unânime pela tradição; que a subdivisão do capítulo 14 é sustentada por Simplício; que a subdivisão do capítulo 19 é sustentada por quase toda a tradição; e que apenas por Simplício o capítulo 48 é apresentado como um único. O capítulo 33 constitui um caso especial: embora muitas de suas seções sejam apresentadas como capítulos diferentes em diversos manuscritos, Boter, por considerar tratar-se tal capítulo de um todo coerente, o apresenta como um só.

O ESTABELECIMENTO
DO TEXTO GREGO

A edição do texto estabelecido por Gerard Boter do *Manual*, de Epicteto, preenche uma lacuna de séculos quanto aos estudos epictetianos. O texto foi editado pela primeira vez em grego por Haloander em 1529, seguido por Hieronymus Wolf em 1560, edições essas que foram tomadas como parâmetro pelos pesquisadores nos dois séculos seguintes. Em 1741, Upton constituiu novo texto. Schweighäuser publicou a primeira edição corrigida do texto grego do *Manual* em 1798. O próximo a trabalhar na constituição do texto do *Manual* foi Schenkl, cuja edição de 1916 foi adotada pelos estudiosos nas décadas seguintes. Schenkl, porém, depois do trabalho hercúleo de estabelecer o texto das *Diatribes*, não quis fazer uma edição crítica do *Manual*.

Segundo Boter,[81] o grande número de manuscritos, as paráfrases cristãs e o *Comentário*, de Simplício, desenco-

INTRODUÇÃO 21

rajaram os pesquisadores a constituírem tal edição crítica. Essa tarefa foi levada a cabo pelo próprio Gerard Boter em livro publicado em 1999.

Boter partiu de sete fontes principais para o estabelecimento do texto do *Manual*:

1. Os códices que contêm o texto do *Manual*;
2. Os códices que contêm o *Comentário*, de Simplício;
3. Os títulos contidos em alguns códices do *Comentário*, de Simplício;
4. Os títulos suplementares contidos em alguns códices do *Comentário*, de Simplício;
5. Os trechos das *Diatribes* dos quais Arriano fez sínteses que adicionou ao *Manual*;
6. Citações do *Manual* feitas por autores antigos de séculos posteriores;
7. As três paráfrases cristãs.

Segundo Boter,[82] há exatamente 59 códices contendo o *Manual*, sendo que nenhum deles é anterior ao século XIV. Os códices contendo as paráfrases cristãs são bem mais antigos: alguns datam dos séculos X (Laurentianus 55,4 e Parisinus gr. 1053) e XI (Nili Encheiridii Codex Marcianus gr. 131), evidenciando que, durante o período bizantino, as paráfrases cristãs despertavam mais interesse do que o próprio *Manual*, de Epicteto.

Entre os mais antigos códices contendo o *Manual* estão os seguintes: o Parisinus suppl. gr. 1164, o Vaticanus gr. 1950 (que contém apenas os três primeiros capítulos) e o Oxoniensis Canonicianus gr. 23 (que possui apenas fragmentos). Os códices do *Manual*, de Epicteto, se dividem em duas famílias: uma que conta apenas com o Atheniensis 373 e outra que engloba todos os demais. A primeira família é complementada pelos títulos supridos pelo códice Vaticanus gr. 327, no qual se encontra o *Comentário*, de Simplício.

Quanto aos códices do *Comentário*, de Simplício, remetemos o leitor a Ilsetraut Hadot, que realizou uma edição crítica de tal obra (1996). Boter observa que Simplício, ao comentar Epicteto, nem sempre é fiel aos termos que este último utiliza, donde se conclui que, embora não se deva negligenciar o testemunho de Simplício, é preciso considerá-lo com cautela.[83]

Quanto aos títulos presentes em alguns códices do *Comentário*, de Simplício, Boter informa que, originalmente, apenas o início dos capítulos era posto à frente de cada comentário. Porém, em alguns códices, nos dois primeiros capítulos se encontra o texto da Paraphrasis Christiana; no terceiro, os textos do *Manual* e da *Paraphrasis Christiana* se confundem — e daí em diante aparece somente o texto do *Manual*, cuja fonte é a mesma do códice Atheniensis 373.

Além dessas fontes, temos os livros das *Diatribes* de Epicteto, a partir das quais, como já observamos, Arriano confeccionou o *Manual*.

Entre os autores posteriores que são fontes para o estabelecimento do texto do *Manual* se destaca Estobeu, que cita Epicteto abundantemente.

Há também autores patrísticos, entre os séculos II e VI, que tratam do *Manual*, como Eusébio, Ambrósio, Basílio Magno, Doroteu de Gaza, Procópio de Gaza e Sinésio. Estes últimos autores em nada contribuem para o estabelecimento do *Manual*, exceto no que se refere ao oitavo capítulo, discutido por Basílio, Doroteu e Procópio.

Entre os neoplatônicos, além de Simplício, são especialmente relevantes os comentários a Platão de Olimpiodoro e Proclo. Outros autores antigos (como Luciano, Dião Crisóstomo e Antônio Magno) e autores árabes (como Al-Kindi e Ibn Fatik)[84] também são utilizados para estabelecer o texto do *Manual*.

Por fim, temos as três paráfrases cristãs do *Manual*, de Epicteto, já mencionadas. Quanto a elas, acrescentemos que

INTRODUÇÃO   23

a paráfrase do pseudo-Nilo consiste no *Manual* com uma série de interpolações, sobretudo nos capítulos em que Epicteto afirma teses contrárias à ortodoxia cristã (capítulos 32, 33 e 52). O autor também substitui os *exempla* de Epicteto por nomes cristãos (como "Paulo" no lugar de "Sócrates" no capítulo 51). Já *hoi theoi* (os Deuses) é substituído por *ho Theos* (o Deus) ao longo do texto. Mencionemos ainda que os códices da *Paraphrasis Christiana* se dividem em duas famílias, das quais uma consiste somente no códice Laurentianus 55.4, e a outra, nos demais.

Seguimos em nossa tradução o texto estabelecido por Boter. Cotejamos nosso trabalho com as melhores traduções disponíveis, dando especial atenção às de Gourinat (1998), Boter (1999), Oldfather (1927), White (1983), Hadot (2000), Maltese (1990) e Ortiz García (Epicteto, 1995a; 1995b).

Notas

1. Aulo Gélio, *Noites áticas*, 2.18 e 15.11. Aulo Gélio, autor e gramático latino, viveu entre 125 e 180.

2. Simplício da Cilícia, filósofo neoplatônico bizantino, viveu entre 490 e 560.

3. Suidas foi um lexicógrafo grego do século X. Compôs a *Suda*, a primeira enciclopédia de que se tem notícia.

4. *Suda*, epsilon 2424.

5. Schenkl, 1916, p. vii, testemunho XIX.

6. Região da Ásia Menor que, por muitos séculos, foi província do Império Romano. Atual Antalya (Turquia).

7. João Crisóstomo, "Hom. 13 in Acta", *Patrologia Graeca*, 60.111.30. São João Crisóstomo nasceu em Antioquia (atual Antakya), na Síria, aproximadamente em 347, e morreu em 14 de setembro de 407. Foi teólogo, escritor e arcebispo de Constantinopla do fim do século IV ao início do V.

8. Macróbio, *Saturnálias*, 1.11.45. Macróbio Ambrósio Teodósio foi escritor e filósofo romano. Compôs as *Saturná-*

24   MANUAL DO ESTOICISMO

lias e o *Comentário ao sonho de Cipião*. Africano, teria nascido por volta de 370, na Numídia.

9. Simplício, *Commentarius in Epicteti Enchiridion*, 45.35; 55.3.

10. Cf. Martha, 1865, p. 196.

11. Colardeau, 1903, p. 6, nota 5.

12. Nero Cláudio César Augusto Germânico nasceu em 15 de dezembro de 37 e faleceu em 9 de junho de 68. Governou Roma entre 54 e 68, e foi o último imperador da dinastia Júlio-claudiana.

13. Cf. Suetônio, *Nero*, 49.5; *Domiciano*, 14.2. O escritor e historiador romano Caio Suetônio Tranquilo viveu entre 69 e 141.

14. Cf. *Diatribes*, 1.1.20; 1.19.19; 1.26.11.

15. Tito Flávio Domiciano nasceu em 24 de outubro de 51 e morreu em 18 de setembro de 96. Foi imperador de Roma de 14 de setembro de 81 EC até a sua morte. Era filho de Tito Flávio Sabino Vespasiano e irmão de Tito Flávio, a quem sucedeu.

16. Caio Calpúrnio Pisão, senador romano que viveu no século I, foi o principal idealizador da Conspiração de Pisão contra Nero. Em 19 de abril de 65, o liberto Mílico traiu Pisão, denunciando-o ao imperador. Dezenove conspiradores foram condenados à morte e outros treze foram exilados. Pisão recebeu e cumpriu a ordem de cometer suicídio.

17. Tito Flávio Josefo (em hebraico "Yosef ben Matityahura") viveu entre 37 ou 38 e 100, e foi um historiador judaico-romano.

18. Flávio Josefo, em suas obras *Antiguidades dos judeus*, *Autobiografia* e *Contra os gregos*, agradece ao seu patrono Epafrodito. Entretanto, não se sabe ao certo se esse é o mesmo senhor de Epicteto (Cláudio Tibério Epafrodito) ou se é Epafrodito de Queroneia (gramático e liberto de Modesto, *praefectum* do Egito nos anos 50).

19. Cf. Gregório Nazianzeno, "Oratio I contra Iulianum", *Patrologia Graeca*, 35.592.14; Ep. 32 ad Philagrium 10.2; Orígenes, "Contra Celsum", *Patrologia Graeca*, 3.368.

20. Simplício, *Commentarius in Epicteti Enchiridion*, 45.36.

INTRODUÇÃO 25

21. Cf. Nonnus, *Patrologia Graeca*, 36.933; Cosmas of Jerusalem, *Patrologia Graeca*, 38.532.

22. No qual Epicteto dialoga com um tirano imaginário, argumentando, diante da ameaça de encarceramento e decapitação, que o poder dos tiranos equivale, no máximo, ao poder de matar da febre.

23. Schenkl, 1916, pp. xv-xxxiii.

24. Marco Úlpio Nerva Trajano viveu entre 18 de setembro de 53 e 9 de agosto de 117. Foi imperador romano entre 98 e 117, período no qual o Império Romano atingiu sua maior extensão territorial. Trajano realizou extensos programas de obras públicas e implementou diversas políticas sociais. Na passagem mencionada, Epicteto se refere nominalmente a Trajano.

25. Tal cargo surgiu durante o governo de Trajano e era ocupado por oficiais da classe senatorial designados para investigar e corrigir a administração nas províncias.

26. Plínio, o Jovem, Carta 22. Caio Plínio Cecílio Segundo viveu entre 61 (ou 62) e 114. Foi orador, jurista e político, além de governador imperial na Bitínia entre 111 e 112. Adotado por Plínio, o Velho, de quem era sobrinho-neto, foi testemunha ocular da erupção do Vesúvio de 79, sobre a qual escreveu.

27. César Marco Aurélio Antonino Augusto, ou simplesmente Marco Aurélio, viveu entre 26 de abril de 121 e 17 de março de 180. Foi imperador de Roma entre 161 e 180. Depois de sua morte, foram publicadas suas reflexões filosóficas, que lhe valeram o título de filósofo estoico e seguidor de Epicteto.

28. Quando Domiciano decretou a expulsão de todos os filósofos e astrólogos de Roma. Epicteto é o único filósofo que sabemos nominalmente ter sido atingido por esse decreto. Cf. Stellwag, 1933, pp. 1 ss.; Aulo Gélio, *Noites áticas*, 15.11; Simplício, *Commentarius in Epicteti Enchiridion*, 153 b; Plínio, o Jovem, *Cartas*, 3.11; Tácito, *Agricola*, c. 2; Dudley, 1980, p. 139, nota 1; Sherwin--White, 1957, pp. 126-30.

29. Temístio viveu entre 317 e 387 e foi um filósofo peripatético tardio.

30. Tito Fúlvio Aélio Antonino Augusto Pio nasceu em 19 de

26 MANUAL DO ESTOICISMO

setembro de 86 e faleceu em 7 de março de 161. Governou Roma entre 138 e 161.

31. Cf. Temístio, *Orações* 5, 63 d.

32. Públio Aélio Trajano Adriano Augusto nasceu em 24 de janeiro de 76 e faleceu em 10 de julho de 138. Governou Roma entre 117 e 138.

33. Que, aliás, funcionam até hoje.

34. Aélio Espartano, Vida de Adriano 16.10, in: *Historia Augusta*.

35. Schenkl, 1916, pp. xv-xxxiii.

36. Dobbin (Epicteto, 2008a, p. xiii).

37. Millar, 1965, p. 141.

38. Demétrio foi um filósofo cínico de Corinto. Viveu sob Calígula, Nero e Vespasiano (37-71). Era amigo de Sêneca, que muitas vezes o elogia e o cita (cf., por exemplo, Sêneca, *Cartas a Lucílio*, 20.9, 62.3, 67.14, 91.19). Calígula tentou suborná-lo com 2 mil sestércios, sobre o que o cínico observou: "Se ele quisesse me tentar, deveria ter feito tal oferecendo-me todo o seu reino" (cf. Sêneca, *Dos benefícios*, 7.11).

39. Pacônio Agripino foi um filósofo estoico do século I muito elogiado por Epicteto (cf. *Diatribes*, I.1.28-30). Sob Nero, foi acusado junto com Trásea e banido da Itália em 67.

40. Géssio Floro foi procurador romano na Judeia entre 64 e 66.

41. Pláutio Laterano foi amante de Messalina, esposa do imperador Cláudio e, por este motivo, condenado à morte em 48. Entretanto, foi perdoado a pedido de seu tio Aulo Pláutio (general e político romano da primeira metade do século I, conquistador da Britânia e primeiro governador dessa província). Laterano, quando era cônsul em 65, participou da conspiração de Pisão e foi condenado à morte. Com firmeza e coragem, negou-se a denunciar seus colegas de conspiração. Ao ser decapitado, e sendo o primeiro golpe não suficientemente forte para matá-lo, calmamente esticou novamente o pescoço à espera do golpe seguinte e fatal (cf. Tácito, *Anais*, 11.30; 36; 13.11; 15.49; 60).

42. Públio Clódio Trásea Peto foi um senador romano do século I que se destacou por sua oposição a Nero e por

INTRODUÇÃO 27

sua ligação com o estoicismo. Processado por Nero em 66, foi condenado à "morte por livre escolha" (*liberum mortis arbitrium*). Tendo as veias de ambos os braços cortadas, morreu na presença de amigos e admiradores. Cf. Tácito, *Anais*, 34-5; Dião Cássio, 62.26.4).

43. Quanto a Musônio, mais à frente falaremos sobre ele.

44. Os imperadores Flavianos governaram Roma entre 69 e 96. São eles: Vespasiano (69-79) e seus filhos Tito (79-81) e Domiciano (81-96). Depois de Galba e Otão, Vitélio se tornou imperador, em 69. Entretanto, algumas legiões estacionadas nas províncias declararam Vespasiano imperador. Vitoriosas na batalha de Bedriacum, as forças flavianas entraram em Roma em 20 de dezembro do mesmo ano, e Vespasiano foi declarado imperador pelo Senado no dia seguinte.

45. Cf. Lutz, 1947, pp. 8-9.

46. Sérvio Sulpício Galba César Augusto viveu entre 24 de dezembro de 3 e 15 de janeiro de 69. Foi imperador romano por sete meses entre 68 e 69.

47. Eufrates foi um eminente filósofo estoico que viveu entre 35 e 118. Segundo Filóstrato (*Vida dos sofistas ilustres*, 1.7; *Vida de Apolônio de Tiana*, 1.13), seria nativo de Tiro. Segundo Estêvão de Bizâncio (*Ethinica*, 274.17), seria de Epifaneia, na Síria. Eunápio (*Vida dos filósofos e dos sofistas*, 454), por sua vez, o chama de egípcio. Muito elogiado por Plínio (*Cartas*, 1.10), também é citado por Epicteto (*Diatribes*, III.15; IV.8) e Marco Aurélio (10.31). Cf. Dião Cássio 69.8.

48. Helvídio Prisco foi um filósofo estoico e um político romano que viveu sob Nero, Galba, Otão, Vitélio e Vespasiano. Sob Nero foi questor da Acaia e tribuno das plebes (56). Restaurou a ordem e a paz na Armênia. Foi banido em 66 por sua declarada simpatia por Bruto e Cássio. Galba o libertou do exílio em 68, mas não demorou para ser novamente banido e, a seguir, executado por Vespasiano.

49. Cf. Millar, 1965, p. 142.

50. A Saturnália era um antigo festival romano em honra a Saturno que ocorria entre os dias 17 e 23 de dezembro (no calendário juliano). Havia, então, um sacrifício no

28 MANUAL DO ESTOICISMO

templo de Saturno e um banquete público, seguido de troca de presentes. Durante as festividades, quebravam-se as normas: os senhores, por exemplo, serviam seus servos.

51. Epicteto aparentemente primeiro agiu como Sócrates, questionando as pessoas pelas ruas, até levar um soco na cara de um rico ex-cônsul (cf. *Diatribes*, II.12.17 ss.).

52. Cf. Tácito, *Anais*, xv, 71; *Diatribes*, I.25.19-20; II.6.22; III.24.100 e 109.

53. Hense, 1905. Outros trabalhos importantes e recentes que tratam de Musônio são os de Laurenti, 1989, pp. 2105-46; e Francis, 1995, pp. 11-6.

54. Um artigo de Aldo Dinucci com a tradução bilíngue dos Fragmentos Menores de Musônio, junto com uma biografia detalhada do filósofo romano, se encontra disponível em: <scielo.br/j/trans/a/CWYjRGk8QLSTFdjkRD4D4C-J/?lang=pt>.

55. Onde fundou sua escola. Cf. Aulo Gélio, *Noites áticas*, 15.11; Simplício, *Commentarius in Epicteti Enchiridion*, 65.37.

56. Batalha naval, ocorrida em 2 de setembro de 31 AEC, que decidiu a Guerra Civil Romana, dando fim à República. Nessa batalha, Otaviano (mais tarde, César Augusto) enfrentou as forças combinadas de Marco Antônio e Cleópatra VII — e sagrou-se vencedor.

57. Souilhé, 2002, p. viii, nota 3.

58. Schenkl, 1916, p. xxvi.

59. Lúcio Flávio Arriano Xenofonte viveu entre 86 e 160. Cidadão romano de origem grega e aluno de Epicteto, Arriano compilou as aulas de seu professor em oito livros (*As Diatribes de Epicteto*), dos quais quatro sobrevivem, e redigiu o *Manual* (cf. à frente a seção "A quem se destina e para que serve o *Manual*, de Epicteto"). Apesar disso, a autoria das obras é tradicionalmente atribuída a Epicteto, pois se considera, desde a Antiguidade, que seu conteúdo representa com fidelidade o pensamento epictetiano (possivelmente essa é a razão pela qual a Suda nos diz que Epicteto escreveu muitos livros). Quanto a isso, vejamos, em nossa tradução, o que nos fala o próprio Arriano em carta que prefacia as *Diatribes*.

INTRODUÇÃO 29

60. Favorino de Arelate viveu entre 80 e 160 e foi um sofista e um filósofo romano. Floresceu sob Adriano. Uma vez, depois de se deixar vencer por um argumento facilmente refutável de Adriano, afirmou ser tolice criticar a lógica do mestre de trinta legiões. Foi banido pelo próprio Adriano para a ilha de Quios por volta de 130. Retornou a Roma sob Antonino Pio.

61. Cf. Aulo Gélio, *Noites áticas*, 17.19.1-6.

62. Aulo Gélio, *Noites áticas*, 1.2.6.

63. Herodes Ático viveu entre 101 e 177. Aristocrata grego, chegou a ser senador e cônsul em Roma (em 143, sob Antonino Pio). Destacou-se como sofista, sendo talvez o maior representante da Segunda Sofística. Construiu, com os próprios recursos, diversas instalações públicas, entre teatros, aquedutos e estádios.

64. Marco Aurélio, 7.19.

65. Aélio Galeno ou Cláudio Galeno, também conhecido como Galeno de Pérgamo (atual Bergama, na Turquia), viveu entre 129 e 200-216 e se destacou como médico, cirurgião e filósofo.

66. Cf. Galeno, *De libris Propriis*, 11.

67. Orígenes Adamâncio viveu entre 184/185 e 253/254, e foi um teólogo cristão.

68. Orígenes, *Contra Celsum*, 6.2.

69. Simplício, *Commentarius in Epicteti Enchiridion*, 44.77.80. Alguns comentadores creem que Epicteto, então, tomou uma esposa. Entretanto, por meio de uma anedota, Luciano (cf. *Vida de Demonax*, 55) parece indicar que Epicteto jamais se casou. Na Roma antiga, pais em situação de miséria ou que simplesmente não queriam criar seus filhos recém-nascidos abandonavam-nos em locais ermos, expondo-os à morte pelo frio ou pela fome. Essa prática era chamada *expositio* (exposição). Muitas vezes essas crianças eram capturadas por traficantes e escravizadas.

70. Cf. Spanneut, 1972, pp. 49-57.

71. Pendleton, 1954.

72. Maltese, 1990.

73. Cf. Spalatin, 1975, p. 226.

74. Oldfather, 1952, pp. 194-6.
75. Essa edição, de 1534, é extremamente rara. Oldfather conseguiu localizar um único exemplar no British Museum, do qual ele oferece um fac-símile ao final de seu *Contributions Toward a Bibliography of Epictetus* (1927).
76. Rabelais, 2008, p. 226.
77. Como La Sainte Philosophie e De La Constance e La Philosophie Morale dês Stoiques. Cf. Du Vair, 1625.
78. Cf. Brooke, 1999, p. 9.
79. Poeta italiano. Viveu entre 1798 e 1837.
80. Boter, 1999, pp. 146-7.
81. Id., 2007, p. vi.
82. Ibid., p. vii.
83. Ibid., p. ix.
84. Cf. Jadaane, 1968.

O manual

Tradução de
ALDO DINUCCI

1.1   Das coisas existentes, algumas são encargos nossos,[1] outras não. São encargos nossos o juízo,[2] o impulso,[3] o desejo,[4] a repulsa[5] — em suma: tudo quanto seja ação nossa. Não são encargos nossos o corpo, as posses, a reputação, os cargos públicos — em suma: tudo quanto não seja ação

1.2 nossa. Por natureza, as coisas que são encargos nossos são livres,[6] desobstruídas,[7] sem entraves[8]. As que não são encargos nossos são débeis,[9] escravas, obstruídas,[10] de outrem.[11]

1.3 Lembra então que, se pensares[12] livres as coisas escravas por natureza e tuas as de outrem, tu te farás entraves,[13] tu te afligirás,[14] tu te inquietarás,[15] censurarás tanto os Deuses quanto os humanos. Mas se pensares teu unicamente o que é teu, e o que é de outrem, como o é, de outrem, ninguém jamais te constrangerá,[16] ninguém te fará obstáculos, não censurarás ninguém, nem acusarás quem quer que seja, de modo algum agirás constrangido, ninguém te causará dano,[17] não terás inimigos, pois não serás persua-

1.4 dido em relação a nada nocivo. Então, almejando coisas de tamanha importância, lembra que é preciso que não te empenhes de modo comedido, mas que abandones completamente algumas coisas e, por ora, deixes outras para depois. Mas se quiseres aquelas coisas e também ter cargos e ser rico, talvez não obtenhas estas duas últimas, por também buscar as primeiras, e absolutamente não atingirás aquelas coisas por meio das quais unicamente resultam a

1.5 liberdade e a felicidade.[18] Então pratica dizer prontamente a toda representação[19] bruta[20]: "És representação e de modo algum a coisa que se apresenta".[21] Em seguida, examina-a e testa-a com essas mesmas regras que possuis, em primeiro lugar e principalmente se é sobre coisas que são encargos nossos ou não. E caso esteja entre as coisas que não sejam encargos nossos, tem à mão que: "Nada é para mim".[22]

2.1 Lembra que o propósito[23] do desejo é obter o que se deseja, [e] o propósito da repulsa é não deparar com o que se evita.[24] Quem falha no desejo é não afortunado. Quem depara com o que evita é desafortunado. Se entre as coisas que são teus encargos somente rejeites as contrárias à natureza,[25] não depararás com nada que evitas. Caso rejeites a doença,
2.2 a morte ou a pobreza, serás desafortunado. Então retira a repulsa de todas as coisas que não sejam encargos nossos e transfere-a para as coisas que, sendo encargos nossos, são contrárias à natureza. Por ora, suspende por completo o desejo, pois se desejares alguma das coisas que não sejam encargos nossos necessariamente não serás afortunado. Das coisas que são encargos nossos, todas quantas seria belo desejar, nenhuma está ao teu alcance ainda. Assim, faz uso somente do impulso e do refreamento,[26] sem excesso, com reserva[27] e sem constrangimento.

3 Sobre cada uma das coisas que seduzem,[28] tanto as que se prestam ao uso quanto as que são amadas,[29] lembra-te de dizer de que qualidade ela é, começando a partir das menores coisas. Caso ames um vaso de argila, [diz] "Eu amo um vaso de argila", pois se ele se quebrar, não te inquietarás. Quando beijares ternamente teu filho ou tua mulher, [diz] que beijas um ser humano, pois se morrerem, não te inquietarás.

MANUAL DO ESTOICISMO   35

4   Quando estiveres prestes a empreender alguma ação, recorda-te de que qualidade ela é. Se fores aos banhos, considera o que se passa na sala de banho: pessoas que espirram água, empurram, insultam, roubam. Empreenderás a ação com mais segurança se assim disseres prontamente: "Quero banhar-me e manter a minha escolha[30] segundo a natureza". E do mesmo modo para cada ação. Pois se houver algum entrave[31] ao banho, terás à mão que "Eu não queria unicamente me banhar, mas também manter minha escolha segundo a natureza — e não a manterei se me irritar com os acontecimentos".[32]

5.a   As coisas não inquietam os humanos, mas as opiniões sobre as coisas.[33] Por exemplo: a morte nada tem de terrível,[34] ou também a Sócrates teria se afigurado assim, mas é a opinião a respeito da morte — de que ela é terrível — que é terrível. Então, quando se nos apresentarem entraves, ou nos inquietarmos, ou nos afligirmos, jamais consideremos outra coisa a causa senão nós mesmos — isto é: as nossas próprias opiniões.

5.b   É ação de quem não se educou[35] acusar os outros pelas coisas que ele próprio faz erroneamente. De quem começou a se educar,[36] acusar a si próprio. De quem já se educou, não acusar os outros nem a si próprio.

6   Não te exaltes por nenhuma vantagem de outrem. Se um cavalo dissesse, exaltando-se: "Sou belo", isso seria tolerável. Mas quando tu, exaltando-te, disseres: "Possuo um belo cavalo", sabes que te exaltas pelo bem do cavalo.[37] Então o que é teu? O uso das representações.[38] Desse modo, quando utilizares as representações segun-

do a natureza, aí então te exaltas, pois nesse momento te exaltarás por um bem que depende de ti.

7   Em uma viagem marítima, se saíres para fazer provisão de água quando o navio estiver ancorado, poderás também pegar uma conchinha e um peixinho pelo caminho.[39] Mas é preciso que mantenhas o pensamento fixo no navio, voltando-te continuamente. Que jamais o piloto te chame. E se te chamar, abandona tudo para que não sejas lançado ao navio amarrado como as ovelhas. Assim também é na vida. Não será um obstáculo se ela te der, em vez de uma conchinha e um peixinho, uma mulherzinha e um filhinho.[40] Mas se o capitão te chamar, corre para o navio, abandonando tudo, sem te voltares para trás. E se fores velho, nunca te afastes muito do navio, para que, um dia, quando o piloto te chamar, não fiques para trás.

8   Não busques que os acontecimentos se deem como queres, mas que aconteçam como tiver de ser, e tua vida terá um curso sereno.[41]

9   A doença é entrave para o corpo,[42] mas não para a escolha,[43] se ela não quiser. Claudicar é entrave para as pernas, mas não para a escolha. Diz isso para cada uma das coisas que sucedem contigo e descobrirás que o entrave é próprio de outra coisa e não algo teu.

10   Quanto a cada uma das coisas que sucedem contigo, lembra, voltando a atenção para ti mesmo, de buscar alguma capacidade que sirva a cada uma delas.[44] Se vires um belo homem ou uma bela mulher, descobrirás para isso a capacidade do autodomínio. Caso uma tarefa ex-

MANUAL DO ESTOICISMO   37

tenuante se apresente, descobrirás a perseverança.[45] Caso
a injúria [se apresente], a paciência. Habituando-te desse
modo, as representações não te arrebatarão.[46]

11   Jamais, a respeito de coisa alguma, digas: "Eu a perdi",
mas, sim: "Eu a restituí". O filho morreu? Foi restituído.
A mulher morreu? Foi restituída.[47] "A propriedade me foi
subtraída", então também foi restituída! "Mas quem a
subtraiu é mau!" O que te importa por meio de quem
aquele que te dá a pede de volta? Na medida em que ele
der, faz uso do mesmo modo de quem cuida das coisas
de outrem. Do mesmo modo dos que se instalam em uma
hospedaria.[48]

12.1   Se queres progredir,[49] abandona pensamentos como estes: "Se eu descuidar dos meus negócios, não terei o que
comer", "Se eu não punir o servo, ele se tornará inútil".
Pois é melhor morrer de fome, sem aflição e sem medo do
que viver inquieto na opulência. É melhor ser mau o servo
12.2 do que tu infeliz.[50] Começa a partir das menores coisas.[51]
Derrama-se um pouco de azeite? É roubado um pouco de
vinho? Diz: "Por esse preço é vendida a ausência de sofrimento"; "Esse é o preço da tranquilidade". Nada vem de
graça.[52] Quando chamares o servo, pondera que é possível
que ele não venha, ou, se vier, que ele não faça o que queres.
Mas a posição dele não é tão boa para que dele dependa a
tua tranquilidade.[53]

13   Se queres progredir, conforma-te em parecer insensato
e tolo quanto às coisas exteriores. Não pretendas parecer
saber coisa alguma. E caso pareças ser alguém [importante]
para alguns, desconfia de ti mesmo, pois sabes que não é
fácil guardar a tua escolha, mantendo-a segundo a natureza

e [, ao mesmo tempo,] as coisas exteriores, mas necessariamente quem cuida de uma descuida da outra.

14.a   Se queres que teus filhos, tua mulher e teus amigos vivam para sempre, és tolo, pois desejas que as coisas que não são teus encargos sejam encargos teus, como também que as coisas de outrem sejam tuas.[54] Do mesmo modo, se queres que o servo não cometa faltas, és insensato, pois desejas que o vício não seja o vício, mas outra coisa. Mas se não queres falhar em teus desejos, isso tu podes. Então exercita o que tu podes.

14.b   O senhor de cada um é quem possui o poder de conservar ou afastar as coisas desejadas ou não desejadas por cada um. Então, quem quer que deseje ser livre nem queira, nem evite o que dependa de outros. Senão, necessariamente será escravo.

15   Lembra que é preciso que te comportes como em um banquete.[55] Uma iguaria que está sendo servida chega a ti? Estendendo a mão, toma a tua parte disciplinadamente.[56] Passa ao largo? Não a persigas. Ainda não chegou? Não projetes o desejo, mas espera até que venha a ti. [Age] do mesmo modo em relação aos teus filhos, à tua mulher, aos cargos, à riqueza, e um dia serás um valoroso conviva dos Deuses. Porém, se não tomares as coisas mesmo quando sejam postas diante de ti, mas as desdenhares, nesse momento não somente serás um conviva dos Deuses, como também governarás com eles. [Agindo] dessa maneira, Diógenes, Heráclito e seus semelhantes foram, por mérito, divinos, e assim foram chamados.

MANUAL DO ESTOICISMO 39

16 Quando vires alguém aflito, chorando pela ausência do filho ou pela perda de suas coisas, toma cuidado para que a representação de que ele esteja envolto em males externos não te arrebate, mas tem prontamente à mão que não é o acontecimento que o oprime (pois este não oprime outro), mas, sim, a opinião sobre [o acontecimento]. No entanto, não hesites em solidarizar-te com ele com tuas palavras e, caso caiba, em lamentar-te junto.[57] Mas cuidado também para que não gemas por dentro.[58]

17 Lembra que és um ator de uma peça teatral,[59] tal como o quer o autor [da peça]. Se ele a quiser breve, breve será. Se ele a quiser longa, longa será. Se ele quiser que tu interpretes o papel de mendigo, é para que interpretes esse papel com talento. [E da mesma forma] se [ele quiser que interpretes o papel] de coxo, de magistrado, de humano comum.[60] Pois isto é teu: interpretar belamente o papel que te é dado — mas escolhê-lo cabe a outro.

18 Quando um corvo crocitar maus auspícios, que a representação não te arrebate, mas prontamente efetua a distinção[61] e diz: "Isso nada significa para mim, mas ou ao meu pequenino corpo, ou às minhas pequeninas coisas, ou à minha pequenina reputação, ou aos meus filhos, ou à minha mulher. Se eu quiser, todas as coisas significam bons auspícios para mim — pois se alguma dessas coisas ocorrer, beneficiar-me delas depende de mim".[62]

19.a Podes ser invencível se não te engajares em lutas nas quais vencer não depende de ti.[63]

19.b   Quando vires alguém preferido em honras, ou muito poderoso, ou mais estimado, presta atenção para que jamais creias — arrebatado pela representação — que ele é feliz.[64] Pois se a essência do bem[65] está nas coisas que são encargos nossos, não haverá espaço nem para a inveja, nem para o ciúme. Tu mesmo não irás querer ser nem general, nem prítane ou cônsul, mas livre. E o único caminho para isso é desprezar o que não é encargo nosso.

20   Lembra que não é insolente quem ofende ou agride, mas, sim, a opinião segundo a qual ele é insolente. Então, quando alguém te provocar, sabe que é o teu juízo que te provocou. Portanto, tenta primeiro não ser arrebatado pela representação: uma vez que ganhares tempo e prazo, mais facilmente serás senhor de ti mesmo.

21   Que estejam diante dos teus olhos,[66] a cada dia, a morte, o exílio e todas as coisas que se afiguram terríveis, sobretudo a morte. Assim, jamais ponderarás coisas abjetas, nem aspirarás a[67] nada excessivamente.

22   Se aspiras à filosofia, prepara-te, a partir de agora, para quando te ridicularizarem, para quando rirem de ti, para quando indagarem: "Subitamente ele nos volta filósofo?"[68] e "De onde vem essa gravidade no olhar?".[69] Não adquiras tal gravidade no olhar, mas, como quem é designado a esse posto[70] pela divindade, agarra-te às coisas que se afiguram as melhores para ti.[71] Lembra que, se te prenderes a essas mesmas coisas, os que primeiro rirem de ti depois te admirarão. Mas se te deixares vencer por eles, receberás as risadas em dobro.

MANUAL DO ESTOICISMO 41

23   Se alguma vez te voltares para as coisas exteriores pelo desejo de agradar a alguém, sabe que perdeste o rumo.[72] Basta que sejas filósofo em todas as circunstâncias.[73] Mas se desejares também parecer [filósofo], exibe-te para ti mesmo — será o suficiente.[74]

24.1   Que estes raciocínios não te oprimam: "Viverei sem ser honrado e ninguém serei em parte alguma". Pois se a falta de honra[75] é um mal — como o é —, não se pode ficar em mau estado por causa de outro, não mais do que em situação vergonhosa.[76] É ação tua obter um cargo público ou ser convidado para um banquete? De modo algum. Como então [não obter um cargo ou não ser convidado para um banquete] é ser desonrado? Como também não serás ninguém se for preciso que sejas alguém unicamente em relação às coisas sob teu encargo, coisas nas quais podes ser do mais alto valor? 24.2 Mas teus amigos ficarão desamparados? Desamparados! Dizes isso em relação a quê? Não terão de ti uns trocados, nem os farás cidadãos de Roma? Quem te disse que essas coisas estão sob teu encargo e não são ações de outrem? Quem é capaz de dar a outro o que ele mesmo não possui? "Obtém posses", diz [alguém], 24.3 "para que também nós as tenhamos." Se eu puder obter posses mantendo-me digno, leal e magnânimo, indica-me o caminho e eu as obterei. Mas se crês digno que eu perca meus bens — os que me são próprios — para que conserves coisas que não são bens, atenta como és iníquo e ignorante. O que desejas mais: dinheiro ou um amigo leal e digno? Ajuda-me sobretudo nisso e não creias ter valor que eu faça coisas pelas quais rejeitaria 24.4 o que é propriamente meu. "Mas a pátria", diz [alguém[, "no que depender de mim, estará desamparada." Pelo contrário, pois de que tipo seria esse amparo? [A pátria] não terá por teu intermédio pórticos nem banhos públicos?

42 EPICTETO

E daí? Pois não há sandálias por intermédio do ferreiro, nem armas por intermédio do sapateiro, mas basta que cada um cumpra a ação que lhe é própria. Se forneceres [para a pátria] outro cidadão leal e digno em nada a beneficiarias? Sim. Então tu mesmo não serias inútil 24.5 à pátria. "Que lugar", diz [alguém], "terei na cidade?" O que te for possível, mantendo-te, ao mesmo tempo, leal e digno. Mas se, desejando beneficiar a cidade, rejeitares essas qualidades, que benefício serias para [a cidade] tornando-te indigno e desleal?

25.1 Se alguém receber maiores honras do que tu em um banquete, em uma saudação ou ao ser acolhido no conselho,[77] e se essas coisas forem um bem, é preciso alegrar-te por ele as ter obtido. Mas se forem males, não sofras porque não as obtiveste. Lembra que não podes — se não agires para obter coisas que não são encargos nossos — merecer 25.2 uma parte igual [à dos que agem para obtê-las]. Pois como quem não vai periodicamente à porta de alguém pode obter o mesmo que quem vai? Quem acompanha, o mesmo que quem não acompanha? Quem elogia, o mesmo que quem não elogia? Serias injusto e insaciável se, não pagando o preço pelo qual aquelas coisas são vendidas, 25.3 desejasses obtê-las gratuitamente. Por quanto é vendida uma alface? Que custe um óbolo! Então quem dispensa o óbolo toma a alface, e tu, que não o dispensaste, não a tomas. Não penses ter menos do que quem a tomou, pois, do mesmo modo que ele possui a alface, tu possuis 25.4 o óbolo que não entregaste.[78] Assim também é neste caso: não foste convidado para o banquete de alguém, pois não deste ao anfitrião a quantia pela qual ele vende a refeição. Ele a vende por elogios, por obséquios. Se te é vantajoso, paga o preço pelo qual ela é vendida. Mas se queres não 25.5 pagar por ela e obtê-la, és insaciável e estúpido. Então nada tens no lugar do repasto? Com certeza! Não terás de

MANUAL DO ESTOICISMO 43

elogiar quem não queres, nem aturar os que estão diante da porta dele.

26 Aprende-se o propósito da natureza a partir do que não discordamos uns dos outros. Por exemplo: quando o servo de outrem quebra um copo, tem-se prontamente à mão que "Isso acontece". Então se o teu copo se quebrar, sabe que é preciso que ajas tal como quando o copo de outro se quebra. Do mesmo modo, transfere isso também para as coisas mais importantes. Morre o filho ou a mulher de outro? Não há quem não diga: "É humano". Mas, quando morre o próprio [filho ou a própria mulher], dizemos prontamente: "Quão desafortunado eu sou!". É preciso lembrarmos como nos sentimos ao ouvir a mesma coisa acerca dos outros.

27 Do mesmo modo que um alvo não é fixado para não ser atingido, assim também a natureza do mal não existe no cosmos.[79]

28 Se alguém entregasse teu corpo a quem chegasse, tu te irritarias. E por que entregas teu pensamento[80] a quem quer que apareça, para que, se ele te insultar, teu pensamento se inquiete e se confunda? Não te envergonhas por isso?

29.1 A respeito de cada ação, examina o que a antecede e o que a sucede, e então a empreende. Senão, primeiro te entusiasmarás e, por não teres ponderado sobre as consequências, depois, quando estas se mostrarem vergonhosas,
29.2 desistirás. Queres vencer os Jogos Olímpicos? Também eu quero, pelos Deuses, pois é uma coisa bela. Mas exa-

44   EPICTETO

mina o que antecede e o que sucede [tal vitória], e então empreende a ação. É preciso ser disciplinado, submeter-se a regime alimentar, abster-se de guloseimas, exercitar-se obrigatoriamente na hora determinada (tanto no calor quanto no frio), não beber água gelada nem vinho, mesmo que ocasionalmente. Em suma, [é preciso] confiar no treinador como no médico. Depois, [é preciso] lançar-se à luta e, por vezes, machucar as mãos, torcer o tornozelo e engolir muita areia. Às vezes, [é preciso] tanto ser fustigado

29.3 quanto, depois de tudo isso, ser vencido. Tendo examinado essas coisas, caso ainda queiras, torna-te atleta. Senão, assim como as crianças se comportam (ora elas brincam de lutador, ora de gladiador, ora tocam trombetas, depois encenam uma tragédia), também tu serás ora atleta, ora gladiador, depois orador, em seguida filósofo, mas nada [serás] com tua alma toda. Como um macaco, imitarás tudo o que vires. Uma coisa depois da outra agradará a ti, pois nada empreenderás depois de exame e investiga-

29.4 ção, mas [agirás] ao acaso e sem ardor. Alguns, ao contemplarem e ouvirem um filósofo (um desses que falam bem como Sócrates — e, de fato, quem é capaz de falar como ele?), querem também, eles próprios, ser filósofos.

29.5 Humano! Examina primeiro de que qualidade é a coisa, depois observa a tua própria natureza para saber se podes suportá-la. Desejas ser pentatleta ou lutador? Olha teus

29.6 braços e coxas. Observa teus flancos, pois cada um nasceu para uma coisa. Crês que [, sendo filósofo,][81] podes comer do mesmo modo, beber do mesmo modo, ter regras e falta de humor semelhantes? É preciso que faças vigílias, que suportes fadigas, que te afastes da tua família, que sejas desprezado pelos servos, que todos riam de ti, que tenhas a menor parte em tudo: nas honras, nos cargos públicos, nos tribunais, em todo tipo de assunto de pequena monta.

29.7 Examina essas coisas se quiseres receber em troca delas a ausência de sofrimento, a liberdade e a tranquilidade. Caso contrário, não te envolvas. Não sejas, como as crianças,

MANUAL DO ESTOICISMO 45

agora filósofo, depois cobrador de impostos, em seguida orador, depois procurador de César. Essas coisas não combinam. É preciso que sejas um ser humano, bom ou mau. É preciso que cultives a tua própria faculdade diretriz ou as coisas exteriores. É preciso que assumas a arte acerca ou das coisas interiores, ou das coisas exteriores. Isto é: que assumas ou o posto de filósofo, ou de humano comum.[82]

30   As ações convenientes são, em geral, medidas pelas relações.[83] É teu pai? Isso implica cuidar dele, ceder em tudo, tolerá-lo quando te insultar, quando te bater. Mas ele é um mau pai? De modo algum. A natureza determina que tenhas um pai, não um bom pai. "[Meu] irmão é injusto." Mantém o teu próprio posto em relação a ele. Não examines o que ele faz, mas o que te é dado fazer, e a tua escolha estará segundo a natureza. Pois se não quiseres, outro não te causará dano, mas sofrerás dano quando supuseres ter sofrido dano. Desse modo, descobrirás as ações convenientes para com o vizinho, para com o cidadão, para com o general: se te habituares a considerar as relações.

31.1   Quanto[84] à piedade em relação aos Deuses, sabe que o mais importante é o seguinte: que possuas juízos corretos sobre eles (que eles existem e governam todas as coisas de modo belo e justo) e que te disponhas a obedecer-lhes e a aceitar todos os acontecimentos, seguindo-os voluntariamente como realizações da mais elevada inteligência. Assim, não censurarás jamais os Deuses, nem os acusarás de terem te esquecido. Mas isso só é possível se tirares o bem e o mal das coisas que não são encargos nossos e os estabeleceres nas únicas coisas que são encargos nossos. Pois se supuseres boas ou más algumas das coisas que não são encargos nossos, é absolutamente necessário — quando não atingires as que

46 EPICTETO

queres, ou deparares com as que não queres — que censures
31.3 e odeies os responsáveis. Pois é natural a todo vivente evitar
e afastar-se das coisas que se afiguram nocivas e de suas
causas, como também buscar e admirar as coisas benéficas
e suas causas.[85] Então é inconcebível que alguém, pensando
sofrer algum dano, alegre-se com o que lhe parece danoso.
Do mesmo modo, também é impossível que se alegre com
31.4 o próprio dano. Daí também isto: um pai é ofendido pelo
filho quando não partilha com este as coisas que a este
parecem boas. Polinices e Eteocles também agiram assim,
por acreditar que a tirania fosse um bem.[86] Em razão disso,
o camponês insulta os Deuses, bem como o marinheiro, o
comerciante, os que perdem as mulheres e os filhos.[87] Pois
aí onde está o interesse também está a piedade.[88] Quem
cuida do desejo e da repulsa como se deve cuida também, do
31.5 mesmo modo, da piedade. Convém fazer libações, sacrifícios
e oferecer primícias,[89] segundo os costumes ancestrais de
cada um, mas com pureza, não indolência, nem descuido[90]
ou mesquinharia, nem acima da própria capacidade.[91]

32.1 Quando recorreres à divinação,[92] lembra que não sabes
o que está por vir, mas vais ao adivinho para ser informado
sobre isso. Vais sabendo, já que és filósofo, qual é a qualidade do que está por vir: se for algo que não seja encargo
nosso, é absolutamente necessário que não seja nem um
32.2 bem, nem um mal. Então não leves ao adivinho desejo ou
repulsa, senão te apresentarás tremendo diante dele. Mas,
discernindo que tudo o que vier é indiferente, e nada (seja o
que for) se refere a ti, pois poderás fazer bom uso [do acon-
tecimento] (e isso ninguém te impedirá), vai, confiante, aos
Deuses, [vendo-os] como [teus] conselheiros. Além disso,
quando algo te for aconselhado, lembra quais conselheiros tu acolhes e quais, desobedecendo, te recusarás a ouvir.
32.3 Consulta o oráculo do mesmo modo que Sócrates julgava
ter valor:[93] para os casos nos quais o exame como um todo

MANUAL DO ESTOICISMO 47

se refere às consequências, e os pontos de partida para conhecer o assunto não são dados nem pela razão, nem por alguma outra arte. Assim, quando precisares compartilhar um perigo com o amigo ou com a pátria, não consultes o oráculo se deves compartilhar o perigo. Pois se o adivinho anunciar maus presságios, é evidente que isso significa ou a morte, ou a perda de alguma parte do corpo, ou o exílio. Mas a razão te impele,[94] mesmo nessas situações, a ficar ao lado do amigo ou da pátria e expor-te ao perigo. Portanto, dá atenção ao maior dos adivinhos, Apolo Pítico, que expulsou do templo o homem que não socorreu o amigo que estava sendo assassinado.[95]

33.1   Fixa, a partir de agora, um caráter e um padrão para ti próprio, que guardarás quando estiveres sozinho, ou 33.2 quando te encontrares com outros.[96] Na maior parte do tempo, fica em silêncio, ou, com poucas palavras, fala o que é necessário. Raramente, quando a ocasião exigir, fala algo, mas não sobre coisa ordinária: nada sobre lutas de gladiadores, corridas de cavalos, nem sobre atletas, comidas ou bebidas — assuntos falados por toda parte.[97] Sobretudo não fales sobre os humanos, recriminando-os, ou 33.3 elogiando-os, ou comparando-os. Então, se fores capaz, conduz a tua conversa e a dos que estão contigo para o que é conveniente. Porém, se te encontrares isolado em 33.4 meio a estranhos, guarda silêncio. Não rias muito, nem 33.5 de muitas coisas, nem de modo descontrolado. Recusa-te a fazer juramentos, de preferência por completo. Senão, 33.6 na medida do possível.[98] Põe de lado os banquetes de estranhos e de humanos sem instrução, mas, se um dia surgir uma ocasião propícia, mantém-te atento e jamais caias na vulgaridade. Pois sabe que, quando o companheiro for impuro, quem convive com ele necessariamente se torna 33.7 impuro, mesmo que, por acaso, esteja puro.[99] Acolhe as coisas relativas ao corpo na medida da simples necessida-

48 EPICTETO

de: alimentos, bebidas, vestimenta, serviçais — mas exclui
33.8 por completo a ostentação ou o luxo. Quanto aos prazeres
de Afrodite,[100] deves preservar-te ao máximo até o casamento, mas se te engajares neles, é preciso tomá-los conforme o costume. No entanto, não sejas grave nem crítico
com os que fazem uso deles, nem anuncies repetidamente
33.9 que tu próprio não o fazes. Se te disserem que alguém,
maldosamente, falou coisas terríveis de ti, não te defendas
das coisas ditas, mas responde que "Ele desconhece meus
33.10 outros defeitos, ou não mencionaria somente esses". Não
é necessário ir frequentemente aos espetáculos,[101] mas se
surgir uma ocasião propícia, não mostres preocupação
com ninguém senão contigo mesmo — isto é: quer que
aconteçam somente as coisas que acontecerem e que ven-
ça somente o vencedor, pois assim tu não te farás entraves.
E abstém-te por completo de gritar, rir de alguém ou
comover-te. Uma vez tendo saído do espetáculo, não fales
muito sobre o que lá se passou, na medida em que [isso]
não leva à tua correção, pois, a partir de tal [ação], será
33.11 evidente que admiraste o espetáculo.[102] Nem ao acaso,
nem prontamente vás às palestras dos outros,[103] mas se
fores, guarda [um caráter] ao mesmo tempo reverente,
33.12 equilibrado e cordial. Quando fores te encontrar com alguém — sobretudo algum dentre os que parecem proemi-
nentes —, indaga a ti mesmo o que Sócrates ou Zenão
fariam em tais circunstâncias,[104] e não te faltarão meios
33.13 para agir convenientemente. Quando fores encontrar alguém do grupo dos muito poderosos, considera [a possi-
bilidade] de que não o acharás em casa, de que serás impedido de entrar, de que as portas se fecharão para ti,[105]
de que ele não te dará atenção. E se ainda assim for conveniente ir, vai. Mas suporta os acontecimentos e jamais
digas a ti mesmo: "Isso não vale tanto".[106] Pois orientar-se
pelas coisas exteriores é próprio do humano sem instru-
33.14 ção. Nas conversas, desiste de lembrar, frequente e desme-
didamente, as tuas ações e aventuras perigosas, pois não

MANUAL DO ESTOICISMO   49

é tão prazeroso para os outros ouvir as coisas que te acon-
33.15 teceram quanto é para ti lembrá-las. Desiste também de
provocar risadas, pois tal atitude resvala na vulgaridade[107]
e pode ainda fazer com que os teus próximos percam o
33.16 respeito por ti. Encetar conversas vergonhosas é perigoso.
Quando isso ocorrer, se a ocasião for propícia, repreende
quem se comporta assim. Se [a ocasião] não [for propícia],
mostra, por meio do silêncio, do rubor e de um ar sombrio,
que estás descontente com a conversa.

34   Quando apreenderes a representação de algum prazer —
ou de alguma outra coisa —, guarda-te e não sejas arrebatado por ela. Que o assunto te espere: concede um tempo
para ti mesmo. Lembra então estes dois momentos: um,
no qual desfrutarás o prazer, e outro, posterior, em que,
tendo-o desfrutado, te arrependerás e criticarás a ti mesmo. Compara então com esses dois momentos o quanto,
abstendo-te [desse prazer], tu te alegrarás e elogiarás a ti
próprio. Porém, caso a ocasião propícia para empreender
a ação se apresente, toma cuidado! Que não te vençam sua
doçura e sua sedução. Compara isso ao quão melhor será
para ti teres a ciência da obtenção da vitória.

35   Quando discernires que deves fazer alguma coisa,
faz.[108] Jamais evites ser visto fazendo-a, mesmo que a maioria suponha algo diferente sobre [a ação]. Pois se não fores
agir corretamente, evita a própria ação. Mas se [fores agir]
corretamente, por que temer os que te repreenderão in-
corretamente?

36   Assim como "É dia" e "É noite" possuem pleno valor
quando em uma proposição disjuntiva, mas não em uma
conjuntiva, tomar a maior parte [da comida] também tem

valor para o corpo, mas não o valor comunitário que é preciso observar em um banquete. Quando então comeres com alguém, lembra-te de não veres somente o valor para o corpo dos pratos postos à tua frente, mas que também é preciso que guardes o respeito para com o anfitrião.[109]

37   Se aceitares um papel além de tua capacidade, tanto perderás a compostura quanto deixarás de lado aquele que é possível que bem desempenhes.

38   Do mesmo modo que, ao caminhares, tomas cuidado para que não pises um prego ou não torças o pé, cuida também para que não causes dano à tua faculdade diretriz. Se guardarmos atentamente essa regra, nós empreenderemos cada ação com mais segurança.

39   O corpo é a medida das posses de cada um, como o pé o é da sandália.[110] Se te fixares nisso, guardarás a medida. Mas se fores além, necessariamente cairás no abismo. O mesmo vale para a sandália. Se fores muito além do pé,[111] ela torna-se dourada, em seguida púrpura, depois bordada, pois, uma vez extrapolada a medida, não há mais limite algum.

40   As mulheres, logo depois dos seus catorze anos, são chamadas de senhoras pelos homens.[112] Vendo assim que nenhuma outra coisa lhes cabe, exceto se deitarem com eles, começam a se embelezar, e nisso depositam todas as esperanças. É importante então que cuidemos para que percebam que por nenhuma outra coisa são honradas senão por se apresentarem disciplinadas e dignas.[113]

MANUAL DO ESTOICISMO 51

41   É sinal de incapacidade ocupar-se com as coisas do corpo, tal como exercitar-se muito, comer muito, beber muito, evacuar muito, copular muito. É preciso fazer essas coisas como algo secundário: que a atenção seja toda para o pensamento.

42   Quando alguém te tratar mal ou falar mal de ti, lembra que ele o faz ou fala pensando que isso lhe é conveniente. Não lhe é possível, então, seguir o que se te afigura, mas o que se lhe afigura, de modo que, se equivocadamente se lhe afigura, aquele que sofre o dano é quem se engana. Com efeito, se alguém supuser falsa uma proposição conjuntiva verdadeira, não é a proposição conjuntiva que sofre o dano, mas quem se engana. Agindo de acordo com isso, serás gentil com quem te insulta. Diz, pois, em cada uma dessas ocasiões: "Assim lhe parece".

43   Toda coisa tem dois lados:[114] um suportável e outro insuportável. [Por exemplo,] se teu irmão for injusto [contigo], não o tomes por aí, isto é, que ele é injusto (pois isso é insuportável), mas [toma-o] antes por aqui: que ele é teu irmão, e que fostes criados juntos — assim o tomarás de acordo com o que é suportável.[115]

44   Estes argumentos são inconsistentes[116]: "Sou mais rico do que tu, logo sou superior a ti"; "Sou mais eloquente do que tu, logo sou superior a ti". Mas, antes, estes são consistentes: "Sou mais rico do que tu, logo minhas posses são maiores do que as tuas"; "Sou mais eloquente do que tu, logo minha eloquência é maior do que a tua". Pois tu não és nem as posses, nem a eloquência.

45 Alguém se banha de modo apressado[117]: não digas que ele [se banha] de modo ruim, mas de modo apressado. Alguém bebe muito vinho: não digas que ele [bebe] de modo ruim, mas que [bebe] muito. Pois, antes de discernir a opinião dele, como sabes que ele [age] de modo ruim? Assim, não ocorrerá que apreendas as representações compreensivas de umas coisas e dês assentimento a outras.[118]

46.1 Jamais te declares filósofo.[119] Nem entre os humanos sem instrução fales frequentemente sobre princípios filosóficos,[120] mas age de acordo com os princípios filosóficos. Por exemplo: em um banquete, não discorras sobre como se deve comer, mas come como se deve.[121] Lembra que Sócrates, em toda parte, punha de lado as demonstrações, de forma que os outros o procuravam quando desejavam ser apresentados aos filósofos por ele. E ele os 46.2 levava![122] E dessa maneira, sendo desdenhado, ele ia. Com efeito, se em meio a humanos sem instrução sobrevier uma discussão sobre algum princípio filosófico, silencia ao máximo,[123] pois o perigo de vomitar imediatamente o que não digeriste é grande.[124] E quando alguém te falar que nada sabes e não te morderes, sabe então que começaste a ação. Assim como as ovelhas não mostram o quanto comeram, trazendo a forragem ao pastor, mas, tendo digerido internamente o pasto, produzem lã e leite, também tu não mostres os princípios filosóficos aos humanos sem instrução, mas, depois de tê-los digerido, [mostra] as ações.

47 Quanto ao corpo, quando tiveres te adaptado à frugalidade,[125] não te gabes disso. Nem digas, em toda ocasião, se beberes água, que bebes água.[126] E se quiseres, em algum momento, exercitar-te para uma tarefa árdua, faz isso para

MANUAL DO ESTOICISMO 53

ti mesmo e não para os outros.[127] Não abraces estátuas,[128] mas se tiveres muita sede, bebe [um gole de] água gelada e cospe[129] — e não digas a ninguém.

48.a Postura e caráter do humano sem instrução:[130] jamais espera benefício ou dano de si mesmo, mas das coisas exteriores. Postura e caráter do filósofo: espera todo benefício e todo dano de si mesmo.

48.b.1 Sinais de quem progride:[131] não recrimina ninguém, não elogia ninguém, não acusa ninguém, não reclama de ninguém. Nada diz sobre si mesmo — como quem é ou o que sabe. Quando, em relação a algo, é entravado ou impedido, recrimina a si mesmo. Se alguém o elogia, ri de quem o elogia. Se alguém o recrimina, não se defende. Vive como os convalescentes,[132] precavendo-se de mover algum membro que esteja se restabelecendo, antes que se re-
48.b.2 cupere.[133] Retira de si todo o desejo[134] e transfere a repulsa unicamente para as coisas que, entre as que são encargos nossos, são contrárias à natureza.[135] Para tudo, faz uso do impulso amenizado.[136] Se parecer insensato ou ignorante, não se importa. Em suma: guarda-se atentamente como [se fosse] um inimigo traiçoeiro.

49 Quando alguém se crê merecedor de reverência[137] por ser capaz de compreender e interpretar os livros de Crisipo, diz para ti mesmo: "Se Crisipo não escreveu de modo obscuro, ele não tem por que se crer merecedor de reverência".[138] Mas o que eu desejo? Conhecer a natureza e segui-la. Busco então quem a interpreta. Ouvindo que é Crisipo, vou a ele. Mas não compreendo seus escritos. Busco então quem os interpreta — até aí, absolutamente nada há que mereça reverência. Quando acho o intérprete, resta-me fazer uso

das coisas prescritas — apenas isso é digno de reverência. Ora, se admiro o próprio [ato de] interpretar, que outra coisa me torno senão gramático em vez de filósofo? Com a diferença de que, no lugar de Homero, interpreto Crisipo. Então, quando alguém me disser "Interpreta algo de Crisipo para mim", enrubescerei especialmente quando não for capaz de exibir ações semelhantes às palavras e condizentes [com elas].

50   Respeita todas as coisas que foram expostas como se fossem leis, como se cometesses uma impiedade se as transgredisses. E se alguém falar algo de ti, não dês atenção, pois isso não é mais [ação] tua.

51.1   Por quanto tempo ainda esperarás para que te julgues merecedor das melhores coisas e para que em nada transgridas os ditames da razão?[139] Recebeste os princípios filosóficos, com os quais foi preciso concordar, e concordaste. Por qual mestre ainda esperas para que confies a ele a correção de ti mesmo? Não és mais um adolescente, já és um adulto. Se agora fores descuidado e preguiçoso, e sempre fizeres adiamentos após adiamentos, fixando um dia após o outro o dia depois do qual cuidarás de ti mesmo, não perceberás que não progrides. E permanecerás, tanto vivendo quanto morrendo, um humano sem instrução. 51.2 Portanto, a partir de agora, como um adulto que progride, considera a tua vida merecedora de valor. E que seja lei inviolável para ti tudo o que se afigurar como o melhor.[140] Então se uma tarefa árdua, ou prazerosa, ou grandiosa, ou obscura te for apresentada, lembra que essa é a hora da luta, que essa é a hora dos Jogos Olímpicos, e que não há mais nada pelo que esperar, e que, por um revés ou um 51.3 deslize, o progresso é perdido ou conservado. Deste modo Sócrates realizou-se: de todas as coisas com que deparou,

MANUAL DO ESTOICISMO 55

não cuidou de nenhuma outra exceto a razão. E tu, mesmo que não sejas Sócrates,[141] deves viver desejando ser como Sócrates.

52.1 O primeiro e mais necessário tópico da filosofia é o da aplicação dos princípios, por exemplo: "Não sustentar falsidades". O segundo é o das demonstrações, por exemplo: "Por que é preciso não sustentar falsidades?". O terceiro é o que é próprio para confirmar e articular os anteriores, por exemplo: "Por que isso é uma demonstração? O que é uma demonstração? O que é uma consequência? O que é uma contradição? O que é o verdadeiro? O que 52.2 é o falso?". Portanto, o terceiro tópico é necessário em razão do segundo, e o segundo, em razão do primeiro — mas o primeiro é o mais necessário e no qual é preciso se demorar. Porém, fazemos o contrário: pois no terceiro despendemos nosso tempo, e todo o nosso esforço é em relação a ele, mas do primeiro descuidamos por completo. Eis aí por que, por um lado, sustentamos falsidades e, por outro, temos à mão como se demonstra que não é apropriado sustentar falsidades.[142]

53.1 É preciso em toda ocasião ter à mão o seguinte:

Conduze-me, Zeus, e tu também, Destino,
Para o posto ao qual um dia fui designado,
Que, diligente, eu vos seguirei — e se, mau me tornando,
Não o quiser, ainda assim vos seguirei.[143]

53.2 Aquele que, de modo justo, ceder à necessidade
é, para nós, sábio e conhecedor das coisas divinas.[144]

53.3 Críton, se assim é desejado pelos Deuses, que assim seja.[145]

53.4 Ânito e Meleto podem me matar, mas não podem me causar dano.[146]

Notas

1. A expressão *eph'hemin* não tem equivalente direto capaz de dar conta de seu significado em nossa língua. Literalmente, poderíamos traduzi-la por "algumas coisas estão sobre nós; outras não". Henrique Murachco (2001, p. 573) traduz expressão semelhante (*to epi emoi*) por "no que está sobre mim", no sentido "de quanto a mim", "no que me concerne". No caso do Encheiridion de Epicteto, a tradução poderia ser: "algumas coisas nos concernem, outras não". Bailly (2000), citando a mesma expressão, acentua a ideia de dependência e de poder que ela expressa, traduzindo-a por "*autant qu'il est en mon pouvoir*", de modo a enfatizar a ideia de controle (cf. Xenofonte, *Ciropédia*, 5,4, 11). A expressão possui imagem concreta e clara, referindo-se a algo que é posto sobre nós, sustentado por nós, pois nos encontramos embaixo, fornecendo seu apoio. A opção por "encargo nosso" acentua a ideia de responsabilidade que temos quanto a isso que está sobre nós (e de que somos a causa primária). A expressão é diferentemente vertida por outros tradutores. Oldfather (1927) a traduz por "*things under our control*"; White (1983), por "*what is up to us*"; Gourinat (1998), por "*choses qui dépendent de nous*"; Ortiz García (Epicteto, 1995a; 1995b), por "*unas cosas dependem de nosotros*". Cf. *Diatribes*, I.22.10; II.6.8; II.9.15; II.19.13; IV.1.65 ss.

2. *Hypolepsis*: substantivo relacionado ao verbo *hypolambano*, expressa a ideia de sucessão e de substituição, adquirindo os sentidos de "réplica, resposta, concepção e

58 MANUAL DO ESTOICISMO

pensamento". O vocábulo "juízo", empregado aqui para traduzir essa noção, deve ser entendido como um parecer ou uma opinião que orientam nossa conduta diante de um acontecimento que se nos apresenta. Vale a pena ressaltar que, no contexto deste capítulo, o vocábulo está associado ao verbo *oiomai*, traduzido aqui por "pensar". No capítulo 20, apresenta-se uma associação clara entre *hypolepsis* e *dogma* (opinião). No capítulo 5, apresenta-se também uma associação entre *dogma* (opinião) e *phantasia* (representação) por meio do verbo *phainomai* (afigurar--se). É interessante notar que o juízo nesses exemplos envolve a ponderação — como a consideração sobre se algo é livre ou escravo—, mas também sentimentos relacionados às nossas recusas, medos e desejos. Quanto ao conceito, Schweighäuser observa que "em sua própria origem e forma significa uma ação de nossa mente, a recepção de uma opinião e sua admissão em nosso espírito" (1799, v. 3, p. 141). Oldfather (1927) traduz *hypolepsis* por *"conception"*; White (1993), por *"opinion"*; Gourinat (1998), por *"jugement"*; e Ortiz García (Epicteto, 1995a; 1995b), por *"juicio"*.

3. *Horme*: substantivo relacionado ao verbo *ornumi* (levantar-se), designa o primeiro bote de um assalto ou ataque, adquirindo os sentidos de elã e de impulso. Entre as traduções consultadas para este trabalho, a única exceção a "impulso" como vocábulo para traduzir *horme* é a opção de Oldfather (1927), que emprega *"choice"* (escolha). *Horme* deve ser entendido, no contexto do pensamento epictetiano, como o ímpeto para a ação, a tendência para agir desta ou daquela maneira diante de determinada coisa. Schweighäuser define o conceito como o "ímpeto para agir que recebemos de nossa própria escolha" (1799, v. 3, p. 141).

4. *Orexis* é o nome da ação do verbo *orego*, que apresenta o significado de "estender ou tender na direção de algo" (por exemplo: estender as mãos para o céu ou para pedir algo a alguém), de onde "desejo", "apetite". É uma palavra difícil de ser transportada para o contexto cultural presente. Embora sua tradução por "desejo" seja corren-

NOTAS 59

te, é preciso ter cautela, pois não se deve entender *orexis* no sentido do emaranhado de pulsões originadas em nível inconsciente que caracteriza a visão moderna da subjetividade humana. Uma forma de apreender da maneira mais precisa possível seu significado é ter em conta que *orexis* se opõe a *ekklisis*, que expressa o movimento contrário, o de afastar-se (cf. nota seguinte). Para Epicteto, desejamos as coisas que consideramos boas (cf. *Diatribes*, 1.4.2-3).

5. *Ekklisis* identifica a ação de declinar, expressando o movimento contrário de *klísis*, que significa a ação de inclinar-se. O termo, na literatura grega, é empregado para descrever o movimento da tropa que evita o combate ou para descrever o declínio de um astro. Oldfather (1927), White (1983) e Gourinat (1998) optaram traduzi-lo por "aversão"; Ortiz García (Epicteto, 1995a; 1995b), por *"rechazo"*. No Aurélio, "aversão" apresenta os significados de "ódio, rancor, antipatia", que não cabem no presente caso. Escolhemos traduzi-lo por "repulsa" para expressar a ideia de repelir, afastar ou evitar algo, sem a conotação de aversão. Para Epicteto, repudiamos as coisas que consideramos ruins (cf. *Diatribes*, 1.4.2-3).

6. *Eleutheros*: livre, em oposição a escravo. Para Epicteto, quem deseja o que não é encargo seu necessariamente se torna escravo, pois voluntariamente se submete aos que podem proporcionar-lhe ou impedir-lhe o acesso à coisa desejada (cf. *Diatribes*, 1.4.19).

7. *Akolytos*: adjetivo verbal de privação da ação relacionada ao verbo *kolyo*, que significa "afastar, desviar", adquirindo o sentido de "impedir". Bailly (2000) apresenta o substantivo neutro *kolyon* com o significado de "obstáculo", "impedimento". Assim, *akolutos* se refere a algo para o que não há impedimento quanto à sua obtenção, sendo, portanto, "desimpedido".

8. *Aparapodistos*: optamos por traduzir o termo por "sem entraves", pois se trata de um adjetivo verbal que nega a ação relacionada ao verbo *podizo*, que significa "sujeitar os pés com travas", referindo-se principalmente a armadilhas para animais. Cf. O substantivo feminino *podistra*, que pode significar tanto "armadilha que prende pelos pés"

(cf. *Antologia Palatina* 6, 107) quanto "teia de aranha" (cf. *Antologia Palatina*, 9, 372).

9. *Asthenes*: privado de força, no sentido de "força física, vigor".

10. *Kolytos*.

11. Arriano assim relaciona os adjetivos empregados para qualificar o que é encargo nosso e o que não é: o que é encargo nosso é livre, desobstruído, sem entraves; o que não é encargo nosso é débil, escravo, de outrem.

12. *Oiomai*: "pensar", no sentido de "presumir", referindo-se a coisas incertas — daí "pressentir, crer, estimar".

13. *Empodizo* significa, literalmente, "meter os pés em uma armadilha".

14. *Pentheo*: verbo relacionado ao substantivo *penthos*, que significa "dor, aflição".

15. *Tarasso*: significa primariamente "remexer", "agitar", no sentido concreto de preparar um medicamento agitando os ingredientes que o compõem.

16. *Anankazo*: "forçar", "constranger".

17. Cf. abaixo, capítulo 30 e Sêneca, *Da constância do sábio*, 5.

18. Felicidade é tradução de *eudaimonia*. No contexto do paganismo grego, *daimonios* é um adjetivo que qualifica tudo o que provém da divindade ou é enviado por um deus. Associado ao prefixo "eu" ("bem", "bom"), esse vocábulo tem significado próximo ao de "bem-aventurança" na acepção cristã.

19. A noção de *phantasia* é de fundamental importância para a compreensão da filosofia estoica por relacionar-se a questões tanto lógicas quanto epistemológicas e éticas. Entretanto, os comentadores divergem sobre como traduzir o termo: Lesses (1998), Annas (1991) e Sorabji (1990) traduzem *phantasia* por "aparência" (*appearance*); Frede (1983) e Long e Sedley (1987) empregam o termo "impressão" (*impression*); Inwood e Gerson (1988) optam por "apresentação" (*presentation*); Long (1991) usa o termo "representação" (*representation*), substituindo sua tradução anterior, "impressão" (*impression*), para não confundir com o conceito humiano homônimo. Embora tanto Cleantes quanto Crisipo considerem a *phantasia*

uma modificação da faculdade diretriz, eles divergem ao explicar essa mudança. Para Lesses (1998, p. 6), Crisipo parece criticar Cleantes por aceitar uma concepção ingênua de representação mental, segundo a qual as *phantasiai* perceptivas são cópias de qualidades que os objetos representados possuem (cf. Diógenes Láercio, 7.50.4). Além disso, Annas (1991, pp. 74-5) compreende estar implicado nas observações de Crisipo que as *phantasiai* são proposicionais ou articuláveis em forma linguística. Ora, quanto às alternativas para traduzirmos o termo *phantasia*, parece-nos que impressão está mais próximo de Cleantes do que de Crisipo, pois a metáfora utilizada por Cleantes para introduzir o conceito em questão é justamente a da impressão sobre a cera, metáfora que é criticada por Crisipo por seu caráter imagético. A concepção de Crisipo sobre a *phantasia* — adotada desde então pelo estoicismo — é de que ela tem duas facetas: uma de caráter sensível (pois, como dissemos, se trata de uma modificação da faculdade diretriz) e outra de caráter lógico-linguístico (pois a essa modificação é afixado um juízo, que descreve e avalia aquilo que efetuou a modificação). Assim sendo, parece-nos que a palavra "representação" (que tem, de acordo com o dicionário Aurélio, o sentido filosófico geral de "conteúdo concreto apreendido pelos sentidos, pela imaginação, pela memória ou pelo pensamento") serve para o nosso propósito e por ela traduziremos *phantasia*.

20. Trata-se do adjetivo *trachys*, apresentado por Bailly (2000), com o significado de "rude", adquirindo diversos sentidos, dependendo do substantivo ao qual esteja atrelado: "áspero", ao se tratar de uma pedra; "pedregoso", ao se referir a um rio ou a um terreno; "rouca", ao qualificar um tipo de voz; "grosseiro, duro, cruel, violento e irascível", ao se referir ao comportamento de alguém. Simplício (*Comentário ao Encheiridion de Epicteto*, v.1.5) observa que tal representação é chamada de *tracheia* (dura, bruta) por ser contrária à razão, tornando "áspera" a vida. Oldfather (1927) e White (1983) traduzem esse adjetivo por *"harsh"*; Gourinat (1998), por *"pénible"*; Ortiz García

62 MANUAL DO ESTOICISMO

(Epicteto, 1995a; 1995b), por *"bruta"*. Cf. *Diatribes*, I.27; II.18.24; III.12.15; III.24.108; Aulo Gélio, XIX, 1; Cícero, *De Finibus*, V, 26.

21. *Phainomenon*: "o que está se manifestando ou se mostrando", particípio presente médio do verbo *phaino*. Aqui ocorre uma distinção entre *phantasia*, a representação, e *phainomenon*, a coisa que é representada. Cf. *Diatribes*, II.18.24; III.12.15; Simplício, *Comentário ao Encheiridion de Epicteto*, V.1.5.

22. Cf. *Diatribes*, II.24.106.

23. *Epangelia*: substantivo relacionado ao verbo *epangello*, que significa primariamente "anunciar, declarar, proclamar", adquirindo também os sentidos de "ordenar, comandar, prometer". A opção por "propósito" se dá em razão do significado de "finalidade" registrado no dicionário Aurélio. Cf. *Diatribes*, III.23.9; I.4.1; II.2; III.2; III.2.8; III.2.13; I.4.1; III.13.21; IV.4.18; *Manual*, 48.3; Marco Aurélio, IX.7; XI.37.

24. Trabalha-se aqui com a oposição entre *orexis* (desejo) e *ekklisis* (repulsa).

25. No âmbito da presente tradução, "natureza" é nosso vocábulo para verter *physis*.

26. *Aphorme* designa o "ponto de partida", adquirindo os sentidos de "origem de algo", "pretexto para fazer algo", significando também "base para operações militares". Entre os estoicos, o termo é empregado para designar o princípio contrário de *horme*.

27. "Com reserva" é tradução de *meth'hypexaireseos* (em latim: *cum exceptione*). Cf. Sêneca, *Dos benefícios*, IV, 34: *"Non mutat sapiens consilium [...] ad omnia cum exceptione venit"*; *Da tranquilidade da alma*, 13; Marco Aurélio, IV.1; V.20; VI.50; XI.37. A *meth'hypexaireseos* se opõem as expressões *to ex hapantos* e *ek pantos tropon*.

28. *Psychagogeo* significa literalmente "conduzir ou evocar a *psyche*", adquirindo os sentidos de "encantar, seduzir, alegrar". Cf. *Diatribes*, III.24.84 ss.

29. *Stergo*: amor fraternal expresso entre pais, filhos e cônjuges. É empregado também em relação a animais de estimação e a valores morais, como o amor pela justiça.

NOTAS 63

30. *Prohairesis*: segundo Bailly (2000), o termo expressa a "escolha antecipada, a tomada de partido ou o desejo premeditado", adquirindo os sentidos de "vontade, plano e intenção". Marcando oposição com *ananke* (necessidade), em alguns contextos é vertido por "livre-arbítrio". O termo é traduzido como *"moral purpose"* por Oldfather (1927); *"choice"* por White (1983); *"choix"* por Gourinat (1998); e *"albedrío"* por Ortiz García (Epicteto, 1995a; 1995b).

31. Literalmente: "caso haja algo de maneira a entravar o banho". A expressão "de maneira a entravar o banho" seria uma possibilidade de tradução quase literal para o advérbio *empodon*, relacionado ao verbo *empodizo* ("meter os pés em uma armadilha"), que aqui vertemos por "entravar-se". No capítulo 1, "entravar-se" se refere a dar vazão a desejos cuja satisfação não dependa de nós, levando-nos a aflições e sofrimentos. Neste capítulo, o termo se relaciona a aborrecer-se e deixar-se desviar por acontecimentos que não antecipamos.

32. Cf. *Diatribes*, II.17.27.

33. Cf. *Diatribes*, II.16.22-40; III.26-38; I.19.7; I.25.28; IV.1.59, IV.1.85.

34. Cf. *Diatribes*, II.10 ss.; III.26.38.

35. Cf. *Diatribes*, III.19 (início) e III.5.4.

36. Cf. *Diatribes*, II.11 (início).

37. Cf. *Diatribes*, II.24.11.

38. Cf. *Diatribes*, I.1.7.

39. A utilização do vocábulo "peixinho" para traduzir *bolbarion* se baseia no comentário de Pierre Hadot e Ilsetraut Hadot no artigo "La Parabole de L'escale" (2004). Como observam os Hadot, embora *bolbarion* usualmente signifique o diminutivo de cebola (*bolbos*), no grego tardio pode designar também uma espécie de cefalópode (cf. Lampe, 1961, artigo *bolbos*). Neste capítulo, segundo os Hadot, "as duas palavras (*kolchlidion* e *bolbarion*) se referem às conchas espiraladas ou aos animais que se encontram nas praias".

40. Cf. *Diatribes*, III.24.34.

41. *Euroeo*: verbo relacionado ao adjetivo *euroos*, que, em

um de seus significados mais concretos, qualifica um fluxo de água — o jorro de uma fonte ou a correnteza de um rio — que flui facilmente. Essa ideia de um fluxo de água que corre sem encontrar obstáculos é empregada por Epicteto para qualificar uma condição de vida tranquila, próspera, sem entraves que motivem agitação e sofrimento. A frase grega que vertemos por "a tua vida terá um curso sereno" é traduzida como *"your life will be serene"* por Oldfather (1928); *"your life will go well"* por White (1983); *"ta vie suivra un cours heureux"* por Gourinat (1998); e *"viverás sereno"* por Ortiz García (Epicteto, 1995a; 1995b). Cf. *Diatribes*, I.12.15 ss.; II.14.7; IV.7.20.

42. Do mesmo modo em Sêneca, *Cartas a Lucílio*, LXXVIII (*Corpus tuum valetudo tenet, non animum* [...]).

43. Cf. *Diatribes*, I.1.23; I.17.21 e 26; I.18.11; I.22.10; I.29.10; II.5.4; III.22.105; IV.13.7.

44. Cf. *Diatribes*, I.6.28; I.12.30 ss.; II.16.14; IV.1.109.

45. *Karteria*: substantivo feminino relacionado ao verbo *kartereo* (que significa "ser firme, forte", adquirindo o sentido de "ser obstinado" e "ser paciente") e ao adjetivo *karteroos* ("forte, firme, sólido"). A adoção de "perseverança" se liga à sua relação com a ideia de se manter firme em um comportamento, mesmo que diante de dificuldades.

46. Cf. *Diatribes*, II.18.24 e 28; II.23.33; Marco Aurélio, v.36.

47. Cf. *Diatribes*, I.1.32.

48. Cf. *Diatribes*, II.23.36.

49. *Prokopto* significa literalmente "estirar ou alongar uma placa de metal a golpes de martelo", adquirindo o sentido figurativo de "progredir", "avançar em direção a algo".

50. Segundo Schweighäuser (1799, v. 3, p. xx), Epicteto observa que, ao se castigar alguém em razão da ira ou do desejo de corrigi-lo, o que castiga se encontra desde já no erro por querer controlar algo que não depende de si, resultando daí a perda da tranquilidade. Cf. *Manual*, 14 e 15.

51. Cf. *Diatribes*, I.18.18; IV.1.111.

52. Cf. *Diatribes*, IV.2.2; IV.10.19.

53. Cf. Marco Aurélio, VIII.45; VIII.56.

54. Cf. *Diatribes*, IV.5.7.

55. Cf. *Diatribes*, II.16.37 e *Manual*, 36.

NOTAS

56. "Disciplinadamente" é nossa tradução para o advérbio *kosmios*. Bailly (2000) registra os significados de "com ordem" e "com medida". Oldfather (1927) e White (1983) o traduzem por *"politely"*; Gourinat (1998), por *"convenablement"*; e Ortiz García (Epicteto, 1995a; 1995b), por *"moderadamente"*.

57. Cf. *Diatribes*, 1.9.12; 1.29.64; III.14.7; III.16.4; IV.2; IV.12.17.

58. Cf. *Diatribes*, 1.18.19; Cícero, Tusc. Disp. II.22; Aulo Gélio, XVII.

59. Cf. *Diatribes*, 1.29.42 ss.; IV.2.9; IV.7.13; Marco Aurélio, XI.6; XII.36; Estobeu, Sermo cvi ex telete, de casibus e 68 i; Sermo I e v; Diógenes Laércio VII 160; Sêneca, *Cartas a Lucílio*, LXXVII ("quomodo fabula, sic vita [...]"); Cícero, *De Officiis*, 1,28 e 31; Procópio de Gaza, *Cartas* XLV.

60. Neste capítulo, Epicteto faz referência à teoria dos papéis de Panécio de Rhodes (apresentada por Cícero no *De Officiis*, I, XXX, 107 — XXXIII, 121), tendo em mente o papel que é determinado ao ser humano pela divindade. Assim, na presente passagem, *idiotes* ("humano comum" em nossa tradução) se refere ao simples cidadão, que não é de estirpe patrícia nem tem o direito de ocupar cargos eletivos nas cidades do Império Romano. Em outras passagens, Epicteto opõe *idiotes* (que deve ser compreendido, então, como "homem sem instrução") ao filósofo (Cf. *Manual*, 48).

61. "Efetua a distinção" se refere ao exercício da regra, apresentada ao final do capítulo 1, que o discípulo deve usar diante de uma representação bruta. Em primeiro lugar, é preciso perceber que o que incomoda não é a própria coisa que está se manifestando, mas, sim, a representação (e, em consequência, o juízo) que se faz dela. Em segundo, é preciso determinar se a representação se refere a coisas que são encargos nossos ou não. Caso se refira a coisas que não são encargos nossos, deve-se dizer prontamente: "Nada é para mim".

62. Cf. *Diatribes*, III.20.

63. Cf. *Diatribes*, III.6.5; III.22.102.

64. Trata-se do verbo *makarizo*, tradicionalmente como "ser

feliz". É importante ressaltar a ligação desse vocábulo com os aspectos divinos que ele encerra. Chantraine (1984) registra para o adjetivo *makar* o significado de "bem-aventurado", normalmente empregado no plural, referindo-se aos Deuses (os bem-aventurados). Em Homero, o adjetivo também aparece associado aos humanos, qualificando a condição de alguém favorecido pelos Deuses (cf. *Ilíada*, 3, 182). Uma proposta de tradução literal, buscando uma estreita relação com a condição divina da felicidade, poderia ser: "Que ele seja bem-aventurado".

65. Cf. *Diatribes*, I.20.15; I.29.1 e 18; II.1.4; II.8. 9; II.20. 9; IV.13.14 ss.; III.7.6.

66. Cf. *Diatribes*, III.24.104 ss.; III.10.6.

67. *Epithymeo*: Oldfather (1927) traduz o termo por "*yearn*"; White (1983), por "*crave*"; Gourinat (1998), por "*aspire*"; Ortiz García (Epicteto, 1995a; 1995b), por "*ansías*". Optamos por "aspirar", pois o vocábulo remete à ideia de colocar algo dentro ou em cima do peito.

68. Cf. *Diatribes*, III.16.11.

69. Literalmente: "De onde vem esta sobrancelha?". Bailly (2000) registra os sentidos figurativos de "gravidade" e "majestade" para *ophrys* (sobrancelha). Hadot (2000, pp. 176-7, nota 1) observa que essa referência à afetação e à arrogância de filósofos lembra a descrição que Aristófanes faz de Sócrates em *As nuvens* (363).

70. Cf. *Diatribes*, I.9.16; III.1.19; Platão, *Apologia*, 28 e.

71. Cf. *Diatribes*, II.6.9; II.10.6; *Manual*, 51.2; Platão, *Crítias*, c6.

72. Cf. *Diatribes*, III.1.2-5.

73. Como Sócrates. Cf. *Diatribes*, IV.8.23.

74. Cf. *Manual*, 14.1.

75. Boter (1999, p. 124) observa que, se entendermos *atimia* simplesmente como "falta de honras", o texto perde o sentido, já que tal falta de honras é para os estoicos indiferente. Assim, é preciso distinguir entre a real e a aparente *atimia*, sendo aquela um mal verdadeiro na medida em que é compreendida como falta de valor, e esta um mal aparente por ser compreendida como o mero fato de não ser valorizado pelos outros. A identificação de *time* com

NOTAS 67

excelência moral e *atimia* com o seu contrário é doutrina estoica genuína (cf. SVF III 563; SVF III 312). Boter (1999, p. 125) assim interpreta o que Epicteto quer dizer na passagem em questão: "Temes a atimia? Estás certo, porque ela é má e vergonhosa; entretanto, a *atimia* não é o que pensas; ela não depende do que os outros fazem ou pensam sobre ti, mas apenas de ti mesmo" (cf. *Manual*, 40).

76. Cf. *Diatribes*, I.9.34; I.28.23; Sêneca, *Cartas a Lucílio*, LXX.

77. Cf. *Diatribes*, III.24.44 ss.

78. Cf. *Diatribes*, I.19.21; *Manual*, 31.13; Sêneca, *Da constância do sábio*, 14; Luciano, *Nigrinus*, 21. Um óbolo corresponde à sexta parte de uma dracma.

79. Cf. Aulo Gélio, VI. A mesma imagem aparece em Cícero no *De Finibus* III, 22.

80. *Gnome*.

81. Literalmente: "fazendo essas coisas".

82. Cf. *Diatribes*, III.15. Este capítulo todo é uma interpolação, pois é omitido por boa parte da tradição, incluindo Simplício. Além disso, trata-se de longa passagem das *Diatribes* (III.15.1-13) reproduzida no *Manual* quase ipsis litteris. Tal fato não se repete no *Manual*, já que Arriano sempre reescreve os textos ao transladá-los das *Diatribes* para o *Manual*. Entretanto, Hadot (2000, p. 203) considera que o interpolador alocou tal capítulo em bom lugar, visto encontrar-se no princípio da parte que se relaciona à "disciplina da ação".

83. Cf. *Diatribes*, II.10; IV.4.16; IV.6.26; IV.10.15; IV.12.16.

84. Quanto ao sentido do capítulo como um todo, cf. *Diatribes*, I.10; II.14.11 ss.; III.24.113; III.26.28.

85. Cf. *Diatribes*, I.22.14; I.27.12; III.22.15 e 19; III.3.2.

86. Polinices e Eteocles são filhos de Édipo que se envolveram em um conflito mortal pela obtenção do poder em Tebas. Essa trama é utilizada como pano de fundo na tragédia *Antígona*, de Sófocles. Cf. *Diatribes*, II.22.13 ss.; IV.5.29; Xenofonte, *Memoráveis*, I.1.7.

87. Cf. *Diatribes*, I.27.13 ss.; II.22.17; III.4.6.

88. Cf. *Diatribes*, I.9.25; I.27.14.

89. Hadot (2000, p. 185, nota 1) observa que os antigos, du-

68 MANUAL DO ESTOICISMO

rante orações ou cultos aos mortos, faziam oferendas de vinho, mel e leite (cf. Porfírio, *Da abstinência* II, 20-21).

90. Cf. Xenofonte, *Memoráveis*, 1.3.10; IV.3.16.

91. Cf. Xenofonte, *Memoráveis*, 1.3.3; IV.3.10; *Diatribes*, 1.12.7; II.5.2.

92. Cf. *Diatribes*, III.23 (início).

93. Cf. *Diatribes*, 1.22; 1.27.13; II.22.17; III.4.6.

94. Cf. *Diatribes*, 1.29.28; II.2.20. Hadot (2000, p. 186, nota 1) observa que tal expressão já se encontra em Platão (*República*, X 607 b) e é retomada pelos estoicos (quanto a isso, ver também Diógenes Láercio, VII, 108).

95. Segundo Simplício (*Comentário ao Manual de Epicteto*, XXXIX, 86), Epicteto faz aí referência à história acerca de dois amigos que, estando a caminho de Delfos, são assaltados. Um dos amigos foge, abandonando o outro, que acaba sendo assassinado pelos bandidos. Quando o que foge chega a Delfos e vai consultar o oráculo, é expulso do templo. Simplício assim reproduz as palavras do oráculo dirigidas àquele que abandonou o amigo: "Tu que, estando presente e próximo ao amigo à beira da morte e, todavia, não o ajudaste, para que vieste aqui? Homem impuro, profano, sai deste templo purificado!". Cf. Aeliano, *Hist.* III.44; Galeno, *Exortação ao estudo das artes médicas*, ii.

96. Cf. *Diatribes*, III.23 (início).

97. Cf. *Diatribes*, III.16.

98. Cf. Epicteto, fragmento 108 (Schenkl).

99. Cf. *Diatribes*, III.16 (início).

100. Deusa do panteão da Grécia Antiga associada ao amor e ao sexo.

101. Cf. *Diatribes*, III.4. Hadot (2000, p. 188, nota 1) observa que os espetáculos em questão devem incluir as corridas de carruagens, os combates de gladiadores, as tragédias e as comédias.

102. Cf. *Diatribes*, 1.29; II.6.2; III.20.8.

103. Eram comuns em Roma eventos com leituras de textos por seus autores como meio de tornar públicos esses escritos (cf. Plínio, o Jovem, *Cartas* — obra na qual esse costume é mencionado várias vezes). Cf. *Diatribes*, III.23.

104. Cf. *Diatribes*, II.18.21 ss.; II.13.4; Longino, *De sublime*

NOTAS

14; Marco Aurélio, XI.26; Sêneca, *Cartas a Lucílio*, XI: "*Aliquid vir bonus nobis elegendus est, ac semper ad oculus habendus, ut sic tamquam illo spectante vivamus, et omnia tanquam illo vidente faciamus*".

105. Cf. *Diatribes*, II.13.17 ss.

106. Cf. *Diatribes*, II.6.23.

107. Cf. *Diatribes*, III.12.6.

108. Cf. *Diatribes*, II.18.24; III.12.15.

109. Cf. *Diatribes*, I.24.11 ss. Boter (1999, p. 134) observa que o sentido geral deste capítulo é o seguinte: "Assim como A é bom para B, mas mau para C, do mesmo modo tomar a maior parte da comida em um banquete é bom para o teu corpo, mas não para as relações sociais". A expressão em grego para "proposição disjuntiva" é *diezeugmenon*; para "proposição conjuntiva", *sympeplegmenon*.

110. Cf. Horácio, *Cartas*, I.10.12; I.7.98.

111. Literalmente "se tu ultrapassares pé acima". Aqui se faz referência às sandálias cujas correias se estendem pé acima, sobre as canelas.

112. Cf. Sêneca, *Dos benefícios*, III.33. Hadot (2000, p. 193, nota 1) observa que as mulheres romanas de classes altas (tanto as casadas quanto suas filhas) eram tratadas como *domina* ("senhora") — cf. Suetônio, *Vida dos doze Césares*, Cláudio, 39. De acordo com Justiniano (*Inst*. I, tit. 22), a idade da puberdade entre os romanos era de catorze anos para os homens e de doze para as mulheres.

113. *Aidemones*.

114. Cf. *Diatribes*, I.2 (início); III.10.19; Marco Aurélio, VIII.46; *Manual*, 30; Xenofonte, *Memoráveis*, II.3.

115. Neste capítulo, Epicteto faz uma analogia entre uma ânfora e suas duas asas (*labas*) e cada coisa (*pragma*) do mundo, e os dois modos de abordá-la. Ânforas eram objetos de uso diário na Antiguidade, mas não o são mais, o que dificulta nosso trabalho de tradução. Epicteto nos diz que uma das asas é *phoreton*, e a outra, *aphoreton*. Literalmente: uma é sustentável, e outra, insustentável (isto é, por uma se pode, por outra não se pode sustentar a ânfora). Na presente tradução, achamos por bem suprimir a referência a asas e verter a primeira frase simplesmente por "Toda coisa

tem dois lados". Como a tradução literal dessa frase seria "Toda coisa [ou negócio] tem duas asas", pensamos em traduzir *phoreton* e *aphoreton* por "adequado" e "inadequado", e verter a passagem da seguinte forma: "[Como uma ânfora], toda coisa tem duas asas, uma [adequada], outra [inadequada para abordá-la]". Entretanto, tal tradução faria desaparecer algo importante que é expresso no texto grego: dizer que uma das asas é "insuportável" significa que tomar o assunto por aí, além de ser moralmente errôneo, causa dor e sofrimento, pois, para os estoicos, o sofrimento (*pathos*) ou é efeito de uma falsa opinião, ou se identifica com uma falsa opinião — isto é, um modo equivocado de lidar com a realidade. A primeira posição é de Zenão de Cítio, a segunda, de Crisipo (cf. Diógenes Laércio, VII, 111), que também é seguida por Epicteto (cf. *Manual*, 5; *Diatribes*, III.2.3).

116. Cf. *Diatribes*, III.14.11; Sexto Empírico, *Esboços de pirronismo*, II.137.

117. Cf. *Diatribes*, IV.8 (início); III.8.5; III.17.7 ss.; Marco Aurélio, VIII.49.

118. Cf. *Diatribes*, III.8.4; Cícero, Acad. I.2; II.12; Luciano, *Symposium* 23; Marco Aurélio, IV.22; VII.54; Aulo Gélio, XIX.1; Sêneca, *Cartas a Lucílio*, CXI.

119. Cf. *Diatribes*, IV.8.17 e 35.

120. *Theorematon*.

121. Cf. *Diatribes*, I.13; I.14.20; III.21.5; IV.4.8.

122. Cf. *Diatribes*, III.23.22; IV.8.22. White (1983, p. 26, nota 26) observa que Epicteto talvez tenha em mente aqui os eventos da primeira parte do diálogo *Protágoras* de Platão (310 a-311 a), em que Sócrates conduz Hipócrates a Protágoras.

123. Cf. *Diatribes*, I.29.32; III.13.7; III.14.2; IV.4.26; *Manual*, 33.2; Juvenal, *De Stoic.*, II.14.

124. Cf. *Diatribes*, II.9.17 ss.; III.21.1.

125. Cf. *Diatribes*, III.12.

126. Cf. *Diatribes*, III.14.4.

127. Cf. *Diatribes*, III.12.17.

128. Cf. *Diatribes*, III.12.2. De acordo com Diógenes Laércio (6.23), esse era o costume de Diógenes de Sínope, fundador

NOTAS 71

do cinismo. Apesar dessa crítica a Diógenes, Epicteto o considerava o modelo de sábio (cf. *Diatribes*, III.22).

129. Cf. *Diatribes*, III.12.17. Estobeu (*Florilégio*, 17, 36) atribui tal exercício a Platão.

130. Cf. *Diatribes*, III.19; I.21; *Manual*, 29.7.

131. Cf. *Diatribes*, I.26.15; I.4; II.11; II.17; *Manual*, 5.

132. Cf. *Diatribes*, III.13.21.

133. Cf. Sêneca, *Cartas a Lucílio*, VII (início).

134. Cf. *Manual*, 2.2; *Diatribes*, I.4.1.

135. Cf. *Manual*, 2.1.

136. *Aneimene*: particípio do verbo *aniemi*, adjetiva o vocábulo "impulso". A expressão é assim vertida por outros tradutores: "*He exercises no pronounced choice in regard to anything*" (Oldfather, 1928); "*His impulses toward everything are disminished*" (White, 1983); "*Il fait usage de l'impulsion avec souplesse*" (Gourinat, 1998); "*Usa en todo un impulso no forzado*" (Ortiz García [Epicteto, 1995a; 1995b]).

137. No presente capítulo, buscamos unificar o sentido de *semnos* ("reverenciado, augusto, sagrado") e o verbo relacionado *semnyno* ("exaltar, afetar um ar grave e solene") para dar conta do jogo de palavras proposto no texto. Assim, traduzimos *semnos* por "o que merece reverência", e *semnyno* por "crer-se merecedor de reverência". Cf. *Diatribes*, I.4.6 ss.; II.19.5 ss.; II.23.44.

138. Cf. *Diatribes*, I.17.13. Crisipo (280-207 AEC) sucedeu Cleantes (discípulo de Zenão de Cítio, fundador do estoicismo) na direção da escola estoica em Atenas em 232 AEC.

139. Cf. *Diatribes*, II.8 (fim); IV.12.

140. Cf. *Manual*, 22.

141. Quanto à referência a Sócrates, cf. *Diatribes*, III.23.21; Platão, *Críton*, 46 b4-c6.

142. Cf. *Diatribes*, III.2.

143. Esses versos são atribuídos a Cleantes, (331/330-233/232 ou 232/231 AEC), discípulo direto de Zenão de Cítio (335-264 AEC), o fundador do estoicismo. Cf. *Diatribes*, II.16.42; IV.1.131; IV.4.34. Sêneca (*Cartas a Lucílio*, CVII.10) assim traduz esses célebres versos de Cleantes:

MANUAL DO ESTOICISMO

Duc, o parens celsique dominator poli,
quocumque placuit: nulla parendi mora est;
adsum inpiger. Fac nolle, comitabor gemens
malusque patiar facere quod licuit bono.
Ducunt volentem fata, nolentem trahunt.

Aldo Dinucci (2007, p. 44) assim traduz tais versos de Sêneca:

Conduz-me, ó Pai Excelso e Senhor do mundo,
Para onde quer que queiras nenhum obstáculo impedir-
-me-á de seguir-te.
Diligente, estarei junto a ti. E caso eu não queira fazer
O que é possível ao intrépido, ainda assim seguir-te-ei,
gemendo e infeliz.
O destino conduz quem lhe obedece e arrasta quem lhe opõe resistência.

144. 53.2.1-2: verso de tragédia perdida de Eurípides.
145. Cf. Platão, *Críton*, 43 d 8-9; Epicteto, *Diatribes*, I.4.24; III.22.95; IV.4.21.
146. Cf. Platão, *Apologia*, 30 c-d; Epicteto, *Diatribes*, I.29.18; II.2.25; III.23.21.

Referências

AELIANO. *Historical Miscellany*. Trad. de N. G. Wilson. Cambridge: Harvard University Press, 1997.

AÉLIO ESPARTANO. *Historia Augusta*. v. 1. Trad. de D. Magie. Cambridge: Harvard University Press, 1921.

ALEXANDRE DE AFRODÍSIAS. *On Fate*. Trad. de R. W. Sharples. Londres: Duckworth Publishers, 2007.

ANNAS, Julia E. *Hellenistic Philosophy of Mind*. Berkeley: University of California Press, 1991.

ARISTÓFANES. *Clouds. Wasps. Peace*. Trad. de J. Henderson. Cambridge: Harvard University Press, 1998.

ARISTÓTELES. *Nicomachean Ethics*. Trad. de H. Rackham. Cambridge: Harvard University Press, 1926. [Ed. bras.: *Ética a Nicômano*. Trad. de Vinícius Chichurra. Petrópolis: Vozes, 2024.]

_____. *Athenian Constitution: Eudemian Ethics. Virtues and Vices*. Trad. de H. Rackham. Cambridge: Harvard University Press, 1935a. [Ed. bras.: *Constituição de Atenas*. Trad. de Edson Bini. São Paulo: Edipro, 2012.]

_____. *Metaphysics*. Trad. de Hugh Armstrong Tredennick e G. Cyril. Cambridge: Harvard University Press, 1935b. [Ed. bras.: *Metafísica*. Trad. de Edson Bini. São Paulo: Edipro, 2012.]

ASMUS, Rudolf. "Quaestiones Epicteteae". In: *Friburgi Brisigavorum*. Tübingen: J. C. B. Mohr, 1888. pp. 31-4.

AULO GÉLIO. *Attic Nights*. v. I, II, III. Trad. de J. C. Rolfe. Cambridge: Harvard University Press, 1927.

BAILLY, Anatole. *Dictionnaire Grec-Français: Le Grand Bailly*. Paris: Hachette, 2000.

BONHÖFFER, Adolf Friedrich. *The Ethics of the Stoic Epictetus:*

An English Translation. Trad. de William O. Stephens. Berna: Peter Lang, 2000.

BOSWORTH, A. B. "Arrian and the Alani". *Harvard Studies in Classical Philology*, v. 81, pp. 217-55, 1977.

BOTER, Gerard. *The Encheiridion of Epictetus and Its Three Christian Adaptations*. Leiden: Brill, 1999.

_____. *Epictetus Encheiridion*. Leipzig: De Gruyter, 2007.

BROOKE, Christopher. "Epictetus in Early Modern Europe: 1453-1758. Professor A. A. Long's Epictetus Seminar, 14 April 1999". Berkeley, pp. 1-21, 1999.

CANINIUS. *Simplicii philosophi gravissimi Commentarius in Enchiridion Epicteti*. Veneza: Hieronymum Scotum, 1546.

CARTER, Elizabeth. *All the Works of Epictetus, Which Are Now Extant, Consisting of His Discourses, Preserved by Arrian, in Four Books, the Enchiridion and Fragments*. Londres: J. & F. Rivington, 1758.

CHANTRAINE, Pierre. *Dictionnaire étymologique de la langue grecque*. Paris: Klincksieck, 1984.

CHOTARD, Henry. *Le Périple de la mer Noire par Arrien*. Paris: Durand, 1860.

CÍCERO. *On Duties (De Officiis)*. Trad. de W. Miller. Cambridge: Harvard University Press, 1913. [Ed. bras.: *Dos deveres*. Trad. de João Mendes Neto. São Paulo: Edipro, 2019.]

_____. *On Ends (The Finibus)*. Trad. de H. Rackham. Cambridge: Harvard University Press, 1914.

_____. *Tusculan Disputations*. Trad. de J. E. King. Cambridge: Harvard University Press, 1927. [Ed. bras.: *Discussões tusculanas*. Trad. de Bruno Fregni Bassetto. Uberlândia: Edufu, 2014. Ebook.]

_____. *On the Nature of the Gods*. Academics. Trad. de H. Rackham. Cambridge: Harvard University Press, 1933. [Ed. bras.: *A natureza dos deuses*. Uberlândia: Edufu, 2016.]

COLARDEAU, Théodore. *Étude sur Épictète*. Paris: Fontemoing, 1903.

COSMAS OF JERUSALEM. "Canons". *Patrologia Graeca*, 98, pp. 459-524.

CRATANDER. *Epicteti Encheiridion*. Basileia: 1531.

DIÃO CÁSSIO. *Roman History*. Trad. de Cary Foster. Cambridge: Harvard University Press, 1914-27.

REFERÊNCIAS   75

DINUCCI, Aldo. *O Manual de Epicteto: Aforismos da sabedoria estoica*. São Cristóvão: EdiUFS, 2007.

_____. "Fragmentos menores de Caio Musônio Rufo; Gaius Musonius Rufus Fragmenta Minora". *Trans/Form/Ação*, Marília, v. 35, n. 3, 2012a.

_____. *Introdução ao Manual de Epicteto*. 3. ed. São Cristóvão: EdiUFS, 2012b.

DINUCCI, Aldo; JULIEN, Alfredo. *Epicteto: Testemunhos e fragmentos*. São Cristóvão: EdiUFS, 2008.

DIÓGENES LAÉRCIO. *Lives of Eminent Philosophers*. v. I, II. Trad. de R. D. Hicks. Cambridge: Harvard University Press, 1925. [Ed. bras.: *Vidas e doutrinas dos filósofos ilustres*. Barueri: Camelot, 2025.]

DUDLEY, Donald R. *A History of Cynicism*. Chicago: Ares, 1980.

DU MOULIN, Antoine. *Epicteti Encheiridion in Lenguam Gallicam Versum*. Lugduni: 1544.

DU VAIR, Guillaume. *Les Oeuvres de messire Guillaume Du Vair [...] reveues par l'autheur avant sa mort et augmentées de plusieurs pièces non encore imprimées*. Paris: S. Cramoisy, 1625.

EPICTETO. *The Discourses of Epictetus, with the Enchiridion and Fragments*. Trad. de George Long. Londres: George Bell & Sons, 1877.

_____. *O manual de Epicteto*. Trad. de Hans Koranyi. São Paulo: Agência Editora Iris, 1959.

_____. *Epictetus, The Handbook, the Encheiridion*. Trad. de N. P. White. Cambridge: Hacket, 1983.

_____. *Enchiridion*. Trad. de G. Long. Nova York: Prometheus, 1991.

_____. *Manual*. Trad. de Paloma Ortiz García. Madri: Editorial Gredos, 1995a.

_____. *Manual; Fragmentos*. Trad. de Paloma Ortiz García. Madri: Editorial Gredos, 1995b.

_____. "Pensées (Manuel) in extenso". In: *Les Stoiciens: Textes Choisis*. Org. J. Brun. Paris: PUF, 1998. pp. 118-39.

_____. *The Encheiridion of Epictetus and its Three Christian Adaptations*. Trad. de G. Boter. Leiden: Brill, 1999.

_____. *The Discourses of Epictetus as Reported by Arrian*

(*Books I, II, III & IV*); *Fragments; Encheiridion*. Trad. de W. A. Oldfather. Cambridge: Harvard University Press, 2000a.

EPICTETO. *Manuel d'Épictète*. Trad. de P. Hadot. Paris: LGF, 2000b.

_____. *Entretiens: Livre I*. Trad. de Joseph Souilhé. Paris: Les Belles Lettres, 2002.

_____. *Epictetus Encheiridion*. Trad. de G. Boter. Berlim: De Gruyter, 2007.

_____. *Epictetus Discourses*. Book I. Trad. de Robert F. Dobbin. Oxford: Clarendon, 2008a.

_____. *Testemunhos e fragmentos*. Trad. de Aldo Dinucci e Alfredo Julien. São Cristóvão: EdiUFS, 2008b.

_____. *O Encheiridion de Epicteto*. Ed. bilíngue. Trad. de Aldo Dinucci e Alfredo Julien. São Cristóvão: EdiUFS, 2012.

ESTÊVÃO DE BIZÂNCIO. *Stephani Byzantii Ethnica*, v. I: *A-G*. Org. Margarethe Billerbeck et al. Berlim/Nova York: Walter de Gruyter, 2006.

ESTOBEU. *Florilegium*. v. I, II. Augustus Meineke. Lipsiae: Taubner, 1855.

EUNÁPIO. *Lives of the Philosophers and Sophists*. Trad. de C. Wilmer. Cambridge: Harvard University Press, 1921.

FERREIRA, Aurélio Buarque de Holanda. *Novo dicionário Aurélio da língua portuguesa*. Curitiba: Positivo, 2010.

FILÓSTRATO. *Lives of the Sophists. Eunapius: Lives of the Philosophers and Sophists*. Trad. de C. Wilmer. Cambridge: Harvard University Press, 1921.

_____. *Apollonius of Tyana*. v. I, II, III. Trad. de P. Christopher. Cambridge: Harvard University Press, 2005-2006.

FÓCIO. *Bibliotheca*. v. I, II. Org. Immanuel Bekker. Berlim: G. Reimeri, 1824.

FRANCIS, James A. *Subversive Virtue: Asceticism and Authority in the Second-Century Pagan World*. University Park: Pennsylvania State University Press, 1995.

FREDE, Michael. "Stoics and Skeptics on Clear and Distinct Impressions". In: BURNYEAT, Myles (org.). *The Skeptical Tradition*. Berkeley: University of California Press, 1983. pp. 65-93.

GALENO. *Exhortation à l'étude de la médecine*. Trad. de Véronique Boudon-Millot. Paris: Les Belles Lettres, 2002.

REFERÊNCIAS 77

GALENO. *Medicine*. v. I, II, III. Trad. de Ian Johnston e G. H. R. Horsley. Cambridge: Harvard University Press, 2011.

GOURINAT, Jean-Baptiste. *Premières leçons sur Le Manuel d'Épictète*. Paris: PUF, 1998.

GREGÓRIO NAZIANZENO. "Oratio I contra Iulianum, Epistules, ad Philagrium". *Patrologia Graeca*, 35-37.

HADOT, Ilsetraut. *Simplicius. Commentaire sur le Manuel d'Épictète, Introduction et édition critique du texte grec*. Leiden: Brill, 1996.

HADOT, Pierre. *Manuel d'Épictète*. Paris: LGF, 2000.

HADOT, Pierre; HADOT, Ilsetraut. "La Parabole de l'escale". In: DHERBEY, G. Romeyer; GOURINAT, Jean-Baptiste (orgs.). *Les Stoiciens*. Paris: LGF, 2004. pp. 437-52.

HALOANDER. *Epicteti Encheiridion*. Nuremberg: 1529.

HARTMANN, Karl. "Arrian Und Epiktet". *Neue Jahrbücher für das klassische altertum*, n. XV, pp. 257-75, 1905.

HENSE, Otto. *Musonii Rufi Reliquiae*. Leipzig: Teubner, 1905.

HIPÓLITO. *Hippolytus Refutationes*. Gottingen: Duncker, 1859.

HOMERO. *Illiad*. v. I, II. Trad. de A. T. Murray. Cambridge: Harvard University Press, 1924-1925. [Ed. bras.: *Ilíada*. Trad. de Frederico Lourenço. São Paulo: Penguin Companhia, 2013.]

_____. *Odissey*. v. I, II. Trad. de Dimock e A. T. Murray. Cambridge: Harvard University Press, 1995. [Ed. bras.: *Odisseia*. Trad. de Frederico Lourenço. São Paulo: Penguin Companhia, 2011.]

HORÁCIO. *Satires: Epistles. The Art of Poetry*. Trad. de H. R. Fairclough. Cambridge: Harvard University Press, 1926. [Ed. bras.: *Sátiras*. Trad. de António Luís Seabra. São Paulo: Edipro, 2011.]

INWOOD, Brad; GERSON, L. P. *Hellenistic Philosophy: Introductory Readings*. Indianapolis: Hackett Publishing Co., 1988.

JADAANE, Fehmi. *L'Influence du stoïcisme sur la pensée musulmane*. Beirute: Dar el-Machreq, 1968.

JOÃO CRISÓSTOMO. "Homilies". *Patrologia Graeca*, 60.111.30.

JUSTINIANO. *The Institutes*. Trad. de T. C. Sandars. Londres: Parker and Son, 1853. [Ed. bras.: *Institutas do imperador Justiniano*. Trad. de Edson Bini. São Paulo: Edipro, 2024.]

JUVENAL. *Satires*. Trad. de Pierre de Labriolle e François Villeneuve. Paris: Les Belles Lettres, 1957. [Ed. bras.: *Sátiras*. Rio de Janeiro: Ediouro, 1990.]

LAMPE, G. W. H. (org.). *A Patristic Greek Lexicon*. Oxford: Oxford University Press, 1961.

LAURENTI, Renato. "Musonio, maestro di Epitteto". In: HAASE, Wolfgang (org.). *Philosophie, Wissenschaften, Technik: Philosophie*. Berlim: De Gruyter, 1989. pp. 2105-46.

LESSES, Glenn. "Content, Cause, and Stoic Impressions". *Phronesis*, v. 43, n. 1, pp. 1-25, 1998.

LIDDELL, Henry George; SCOTT, Robert. *Greek-English Lexicon*. Oxford: Clarendon, 1940.

LONG, Anthony. "Representation and the Self in Stoicism". In: EVERSON, Stephen (org.). *Companions to Ancient Thought 2: Psychology*. Cambridge: Cambridge University Press, 1991. pp. 102-20.

_____. "Notes on Hierocles Stoicus apud Stobaeum". In: FUNGHI, M. S. (org.). *Le vie della ricerca: Studi in honore di Francesco Adorno*. Florença: Olschki, 1996. pp. 299-309.

LONG, A.; SEDLEY, D. N. *The Hellenistic Philosophers*. 2 v. Cambridge: Cambridge University Press, 1987.

LONGINO. *On the Sublime*. Trad. de W. Fyfe. Cambridge: Harvard University Press, 1995.

LUCIANO. *Phalaris. Hippias or The Bath. Dionysus. Heracles. Amber or The Swans. The Fly. Nigrinus. Demonax. The Hall. My Native Land. Octogenarians. A True Story. Slander. The Consonants at Law*. The Carousal (Symposium) or The Lapiths. Trad. de M. A. Harmon. Cambridge: Harvard University Press, 1913.

LUCRÉCIO. *On the Nature of Things*. Trad. de W. H. D. Rouse. Cambridge: Harvard University Press, 1924. [Ed. bras.: *Sobre a natureza das coisas*. Trad. de Rodrigo Tadeu Gonçalves. Belo Horizonte: Autêntica, 2021.]

LUTZ, Cora E. "Musonius Rufus, 'The Roman Socrates'". In: BELLINGER, Alfred R. (org.). *Yale Classical Studies*. New Haven: Yale University Press, 1947. pp. 8-9.

MACRÓBIO. *Saturnalia*. 3 v. Trad. de Robert A. Kaster. Cambridge: Harvard University Press, 2011.

MALTESE, Enrico V. *Epitteto: Manuale*. Milião: Garzanti, 1990.

REFERÊNCIAS   79

MARCO AURÉLIO ANTONINO. *Marcus Aurelius*. Trad. de C. R. Haines. Cambridge: Harvard University Press, 1916.

MARCO VALÉRIO MARCIAL. *Epigrams*. v. I, II, III, IV, V. Trad. de D. R. Shackleton Bailey. Cambridge: Harvard University Press, 1993. [Ed. bras.: *Epigramas*. Trad. de Rodrigo Garcia Lopes. São Paulo: Ateliê Editorial, 2019.]

MARTHA, Constant. *Les Moralistes sous l'empire romain*. Paris: Hachette, 1865.

MÁXIMO PLANUDES. *Greek Anthology*. v. I, III. Trad. de W. R. Paton. Cambridge: Harvard University Press, 1916-8.

MEIBOMIUS. *Epicteti Manuale et Sententiae. Quibus accedunt Tabula Cebetis, & alia affinis argumenti, in linguam Latinam conversa a Marco Meibomio. Subjiciuntur ejusdem notae, emendationes Claudii Salmasii in Epictetum, notae illorum & alius viri docti in dessertationes Epicteti ab Arriano digestas, & varians scriptura codicum mannu exaratorum.* Trajecti Batavorum: Ex officina Gulielmi Broedelet, 1711.

MILLAR, Fergus. "Epictetus and the Imperial Court". *The Journal of Roman Studies*, v. 55, n. 1-2, Parts 1-2, pp. 141-8, 1965.

MURACHCO, Henrique. *Língua grega: Visão semântica, lógica, orgânica e funcional*. Petrópolis: Vozes, 2001.

NAOGORGUS, T. *Moralis Philosophiae Medulla seu Encheiridion Epicteti*. Strasburgo: Wendelinum, 1554.

NEOBARIUS. *Epicteti Encheiridion*. Paris: 1540.

NONNUS. *Patrologia Graeca*, 36.933.

OLDFATHER, William Abbott. *Contributions Toward a Bibliography of Epictetus*. Champaign: University of Illinois Press, 1927.

OLIVER, Revilo Pendleton. *Niccolò Perotti's Version of the Enchiridion of Epictetus*. Urbana: University of Illinois Press, 1954.

OLTRAMARE, André. *Les Origines de la diatribe romaine*. Lausanne: Payot, 1926.

ORÍGENES. "Contra Celsum". In: *Ante-Nicene Fathers*. v. IV. Trad. de Frederick Crombie. Buffalo: Christian Literature Publishing Co., 1885.

ORÍGENES. "Contra Celsum". *Patrologia Graeca*, 11-17, 3.368.

PEPPAS-DELMOUSOU, Dina. "Basis andriantos tou Arrianou". *Athens Annals of Archeology*, v. 3, pp. 377-80, 1970.

PEROTTO, Niccolò. *Epicteti enchiridium a Nicolao perotto e graeco in latinum translatum*. Veneza: 1450.

PLANUDES, M. *Greek Anthology*, v. III, book 9: *The Declamatory Epigrams*. Trad. de W. R. Paton. Cambridge: Harvard University Press, 1917.

PLATÃO. *Euthyphro. Apology. Crito. Phaedo. Phaedrus*. Trad. de H. N. Fowler. Cambridge: Harvard University Press, 1914.

_____. *Laches. Protagoras. Meno. Euthydemus*. Trad. de W. R. M. Lamb. Cambridge: Harvard University Press, 1924.

_____. *First Alcibiades*. Trad. de W. R. M. Lamb. Cambridge: Harvard University Press, 1927a. [Ed. bras.: *Alcibíades I*. Trad. de Celso Vieira. São Paulo: Penguin Companhia, 2022.]

_____. *Charmides. Alcibiades I and II. Hipparchus. The Lovers. Theages. Minos. Epinomis*. Trad. de W. R. M. Lamb. Cambridge: Harvard University Press, 1927b.

_____. *Timaeus. Critias. Cleitophon. Menexenus. Epistles*. Trad. de R. G. Bury. Cambridge: Harvard University Press, 1929.

_____. *Republic*. v. I, II. Trad. de P. Shorey. Cambridge: Harvard University Press, 1930-5. [Ed. bras.: *A república*. 3. ed. Trad. de Edson Bini. São Paulo: Edipro, 2019.]

PLÍNIO, O JOVEM. *Letters*. v. I, II. Trad. de B. Radice. Cambridge: Harvard University Press, 1969. [Ed. bras.: *Epístolas completas*. v. 1, 2. Trad. de João Angelo Oliva Neto. São Paulo: Ateliê Editorial, 2022-4.]

PLUTARCO. *Moralia*, v. XIII, Part 2: *Stoic Essays*. Trad. de H. Cherniss. Cambridge: Harvard University Press, 1976.

POLIZIANO, A. *Epicteti Stoici Enchiridion et Graeco interpretatum ab Angelo Politiano*. Veneza: J. Anthonium et Fratres de Sabio, 1479.

PORFÍRIO. *De L'abstinence*. Livros I, II, III. Trad. de J. Bourfartigue e M. Patillon. Paris: Les Belles Lettres, 1977-9.

_____. *Porphyrii Quaestionum homericarum ad Iliadem pertinentium reliquias collegitdisposuit*. Org. B. G. Teubner. Charleston: Nabu Press, 2010.

PROCÓPIO DE GAZA. "Cartas". In: *Epistolographi Graeci*. Ed. Rudolf Hercher. Paris: A. F. Didot, 1873. pp. 533-98.

_____. *Opera Omnia*. v. I, II, III, IV. Trad. de Jacobus Havry. Leipzig: Teubner, 1964.

REFERÊNCIAS

RABELAIS, François. *Gargantua and Pantagruel*. Trad. de Sir Thomas Urquhart e Peter Anthony Motteux. Ohio: Forgotten Books, 2008. [Ed. bras.: *Pantagruel e Gargântua*. Trad. de Guilherme Gontijo Flores. São Paulo: Editora 34, 2021.]

RIVAUDEAU, André de. *La Doctrine D'Epictete Stoicien*. Paris: Poitiers, 1567.

SCHEGGIUS, J. *Epicteti stoici philosophi enchiridion cum Angelo Politiani interpretatione latina: item Arriani commentarius disputationum ejusdem Epicteti*. Basileia: 1554.

SCHENKL, Heinrich. *Epicteti Dissertationes ab Arriano digestae*. Epictetus. Leipzig: Teubner, 1916.

_____. *Epictetus Dissertationiones Ab Arriani Digestae*. Stuttgart: Taubner, 1965.

SCHWEIGHÄUSER, Johann. *Epictetae Philosophiae Monumenta*. 3 v. Leipzig: Teubner, 1799.

_____. *Simplicii Commentarius in Epicteti Enchiridion accedit Enchiridii paraphasis christiana et Nili Enchiridion*. 2 v. Leipsig: Weidmann, 1800.

SÊNECA. *Epistles 1-66*. Trad. de R. M. Gummere. Cambridge: Harvard University Press, 2001a.

_____. *Epistles 66-92*. Trad. de R. M. Gummere. Cambridge: Harvard University Press, 2001b.

_____. *Moral Essays*. v. II. Trad. de J. W. Basore. Cambridge: Harvard University Press, 2001c.

_____. *Moral Essays*. v. III. Trad. de J. W. Basore. Cambridge: Harvard University Press, 2001d.

SEXTO EMPÍRICO. *Outlines of Pyrrhonism*. Trad. de R. G. Bury. Cambridge: Harvard University Press, 1933.

_____. *Against the Logicians*. Trad. de R. G. Bury. Cambridge: Harvard University Press, 1935.

_____. *Against the Professors*. Trad. de R. G. Bury. Cambridge: Harvard University Press, 1949.

SHERWIN-WHITE, A. N. "Pliny's Praetorship Again". *The Journal of Roman Studies*, v. 47, n. 1, pp. 126-30, 1957.

SIMPLÍCIO. *Commentaire sur le Manuel d'Épictète, Introduction et édition critique du texte grec*. Introd. e ed. crít. Ilsetraut Hadot. Leiden: Brill, 1996.

SIMPLÍCIO. *On Epictetus Handbook 1-26*. Trad. de Charles Brittain e Tad Brennan. Nova York: Cornell, 2002.

SÓFOCLES. *Antigone. The Women of Trachis. Philoctetes. Oedipus at Colonus.* Trad. de Hugh Lloyd-Jones. Cambridge: Harvard University Press, 1994.

SORABJI, Richard. "Perceptual Content in the Stoics". *Phronesis*, v. 35, n. 3, pp. 307-14, 1990.

SOUZA, Antonio de. *Manual de Epicteto filósofo.* Lisboa: Regia Officina Tipografica, 1785.

SPALATIN, Christopher. "Matteo Ricci's Use of Epictetus' Encheiridion". *Gregorianum*, v. 56, n. 3, pp. 551-7, 1975.

SPANNEUT, Michel. "Épictète chez les moines". *Mélanges de Science Religieuse*, v. 29, pp. 49-57, 1972.

STADTER, Philip A. *Arrian of Nicomedia.* Chapel Hill: University of North Carolina Press, 1980.

STELLWAG, Helena Wilhelmina Frederika. *Het Eerste Boek der Diatriben.* Amsterdam: H. J. Paris, 1933.

SUETÔNIO. *Lives of the Caesars.* v. I, II. Trad. de J. C. Rolfe. Cambridge: Harvard University Press, 1914.

TÁCITO. *Agricola. Germania. Dialogue on Oratory.* Trad. de M. Hutton e W. Peterson. Cambridge: Harvard University Press, 1914.

_____. *Annals.* Trad. de John Jackson. Cambridge: Harvard University Press, 1937. [Ed. bras.: *Anais.* Trad. de Leopoldo Pereira. Rio de Janeiro: Ediouro, 1964.]

TEMÍSTIO. *Orations 6-8. Letters to Themistius, to the Senate and People of Athens, to a Priest. The Caesars. Misopogon.* Trad. de C. Wilmer. Cambridge: Harvard University Press, 1913.

TEMPORINI, Hildegard; HAASE, Wolfgang. *Aufstieg und Niedergang der römischen Welt: Geschichte und Kultur Roms im Spiegel der neueren Forschung.* v. 2. Amsterdam: Walter de Gruyter, 1990.

TRINCAVELLI. *Arriani Epictetus Graeche.* Veneza: 1535.

TUSANUS. *Epicteti Encheiridion Graeche.* Paris: 1552.

UPTON, John. *Epicteti quae supersunt Dissertationes ab Arriano Collectae.* 2 v. Londres: 1739-41.

VON ARNIM, Hans. *Stoicorum Veterum Fragmenta*, v. 1: *Zeno or Zenonis Discipuli.* Berlim: De Gruyter, 2005a.

_____. *Stoicorum Veterum Fragmenta*, v. 2: *Chrysippi fragmenta Logica et Physica.* Berlim: De Gruyter, 2005b.

REFERÊNCIAS

VON ARNIM, HANS. *Stoicorum Veterum Fragmenta*, v. 3: *Chrysippi fragmenta moralia. Fragmenta Successorum Chrysippi*. Berlim: De Gruyter, 2005c.

WHITE, Nicholas P. *Epictetus, The Handbook, the Encheiridion*. Cambridge: Hacket, 1983.

WOLF, Hieronymus. *Epicteti Enchiridion: una cum Cebetis Thebani Tabula Græc. & Lat. Quibus... accesserunt e graeco translata Simplicii in eundem Epicteti libellum doctissima scholia, Arriani commentarium de Epicteti disputationibus libri iiii, item alia ejusdem argumenti in studiosorum gratiam*. Basileia: 1560-3.

XENOFONTE. *Cyropaedia*, v. I, II: *Symposium. Apology*. Trad. de Walter Miller. Cambridge: Harvard University Press, 1914. [Ed. bras.: *Ciropédia*. Trad. de Lucia Sano. São Paulo: Fósforo, 2021.]

_____. *Memorabilia. Oeconomicus. Symposium. Apology*. Trad. de E. C. Marchant e O. J. Todd. Cambridge: Harvard University Press, 1923.

As diatribes

Introdução às *Diatribes*

ALDO DINUCCI

As *Diatribes* de Epicteto são prefaciadas por uma carta de Arriano endereçada a um certo Lúcio Gélio (provavelmente parente de Aulo Gélio), na qual o autor afirma que (1) não compôs as *Diatribes*, que elas são meras transcrições das aulas de Epicteto em Hierápolis, e (2) não tomou a iniciativa de torná-las públicas, visto não passarem de notas que escreveu para si mesmo e seus próximos, mas que elas se disseminaram sem que ele assim o desejasse. Diante da inesperada difusão dos escritos, Arriano decidiu dar-lhes forma final e publicá-los.

Quanto ao ponto (1), Dobbin observa que, ao fazer tal afirmação, Arriano quer se diferenciar de Platão e Xenofonte no que se refere ao papel que tiveram em relação a Sócrates. Em outras palavras: Arriano assevera não ter a pretensão de compor obras tratando do pensamento de Epicteto como aqueles o fizeram em relação a Sócrates, mas tão somente declara haver feito a transcrição das palavras de Epicteto sem nenhum tratamento literário. Dobbin questiona essa asserção de Arriano, argumentando que, em sua época, as técnicas estenográficas eram primitivas e reservadas a escravos. Nesse ponto, podemos contra-argumentar que nada impede que Arriano tenha adquirido essa técnica com a finalidade de captar com precisão as palavras de seu professor. E mesmo que não tenha transcrito verbatim tudo o que disse Epicteto, foi o suficiente para que ele próprio considerasse tê-lo feito na medida do possível e com fidelidade. Dobbin também observa que várias diatribes que apresentam Epicteto em conversas pessoais (por exemplo: *Diatribes*, 1.11; 1.15; 2.14; 3.7) contradiriam essa afirmação de Arriano, pois este não teria acesso a tais diálogos. Entretanto, é possível que Arriano, como aluno próximo a Epicteto, tenha efetivamente presenciado tais conversas e memorizado o seu cerne para depois as transcrever. Além disso, como o próprio Dobbin reconhece, é consenso que, apesar de não se poder saber ao certo como as *Diatribes* foram escritas, elas refletem o pensamento de Epicteto, já que testemunhos antigos comprovam essa fidelidade. Por essas razões, embora organizadas e editadas por Arriano, a autoria das *Diatribes* é tradicionalmente atribuída a Epicteto.

Quanto ao título da obra, vários lhe foram atribuídos desde a Antiguidade. O próprio Arriano, em sua carta-prefácio, chama-as de *Logoi* (Discursos) e, depois, de *Hyponemmata* (Memórias). Aulo Gélio as chama de *Dissertationes* (Discursos), ora ordenados, ora compostos por Arriano. Também as denomina *Dialexeis*, termo grego que ele mesmo traduz por *Dissertationes* (19.1). Marco Aurélio ecoa Arriano, referindo-se às *Diatribes* como *Epikteteia Hyponemmata* (Memórias epictetianas). Autores tardios dão ainda outros nomes à obra. Estobeu, em suas *Éclogas*, muitas vezes as denomina simplesmente *Epiktetou* (De Epicteto); em outras oportunidades as intitula *Apomnemoneumata* (Registros). Assim, temos vários títulos atribuídos à mesma obra, provavelmente por causa da difusão espontânea, pois, como observamos acima, o trabalho já circulava sem o consentimento de Arriano e sem sua edição final.

O nome atual em grego é aquele presente no mais antigo códice de que dispomos (e arquétipo de todos os demais): o Bodleianus Graecorum Miscellaneorum 251 (s), do fim do século XI ou do início do XII, conservado na biblioteca Bodleiana, em Oxford. Quem primeiro consta-

INTRODUÇÃO 89

tou a precedência desse códice sobre os demais foi Mowat, que percebeu que havia uma parte borrada, no fólio 25r, e que todos os demais manuscritos apresentavam lacunas nesse mesmo lugar. O códice 251 foi adquirido pela biblioteca Bodleiana em 1820, por quinhentas libras esterlinas, em um lote de cinquenta manuscritos, todos provenientes da biblioteca de Giovanni Saibante, que teria cerca de 1300 livros, com oitenta códices em grego entre eles.

No presente trabalho, usaremos o termo correspondente em português (Diatribes). Dobbin (2007), George Long (1890) e Oldfather (1956) escolheram *Discourses* (Discursos), e Souilhé (2002), *Entretiens* (Conversas). Cremos, porém, que nenhuma dessas opções dá conta da palavra grega e da atividade que Epicteto empreende. "Discursos" pode ser compreendido em um sentido formal que não era o caso das falas de nosso filósofo, pois, em algumas diatribes, Epicteto se dirige aos presentes, enquanto em outras o que temos são conversas pessoais. Também "Conversas" não dá conta da palavra grega e da atividade que Epicteto empreende, já que o termo pode ser compreendido em um sentido informal, o que também não era o caso das falas de nosso filósofo. A maioria das diatribes é composta de transcrições de aulas do curso de filosofia de Epicteto. Por isso, como dissemos, usaremos a palavra "Diatribes" para tal, cujo sentido como atividade didática filosófica já está registrado em nossa língua.

Quanto ao estilo, as *Diatribes* epictetianas são abruptas, em decorrência não só do caráter transcritivo, mas também, como observa Dobbin, da prerrogativa filosófica de franqueza ao falar (*parrhesia*), a qual confere uma extraordinária atmosfera de oralidade às *Diatribes*, que Arriano atribui a Epicteto em sua carta a Gélio.

Outra característica das *Diatribes* epictetianas é seu caráter preletivo: em todas ou quase todas, Epicteto se apresenta como o filósofo instrutor, enquanto ao interlocutor cabe invariavelmente o papel daquele que vai ao filósofo em busca de instrução.

As *Diatribes* de Epicteto, ao contrário das demais obras do próprio Arriano, são escritas em grego koiné, o grego falado naqueles tempos, e não em grego ático, então somente literário. Foram publicadas por Arriano certamente depois da morte de Epicteto, pois assim este é referido na carta-prefácio. Originalmente compreendiam ao menos oito livros, dos quais nos chegaram apenas quatro, sendo trinta diatribes no primeiro livro, 26 no segundo e no terceiro, e treze no quarto.

A primeira edição do texto grego é de Trincavelli, de 1525. Destacam-se a seguir a edição de H. Wolf, de 1560-3, e a de Upton, de 1739-41. Esta última serviu de base para o trabalho de Schweighäuser, que estabeleceu o texto pela primeira vez, publicando sua obra entre 1799 e 1800. O estabelecimento foi novamente corrigido e publicado por Schenkl, primeiro em 1899, depois, em edição bastante aperfeiçoada, em 1916. O texto de Schenkl serve até nossos dias de ponto de partida para todas as edições em línguas modernas, e por ele nos guiaremos em nossa tradução.

A primeira tradução das *Diatribes* para o latim (parcialmente preservada em um manuscrito) foi confeccionada por Carlo Valgulio, acadêmico de Brescia, em 1500. Em 1554, Jacob Schenck publicou uma tradução latina das *Diatribes* em sua edição das obras de Epicteto. A primeira tradução para uma língua vernácula é a francesa de Jean Goulu (aluno de Justo Lipsio), publicada em Paris, em 1609. Tal tradução foi feita por encomenda da rainha Margarida de Valois da França, a quem também é dedicada. A seguir, temos a tradução holandesa de Jan Hendrik Glazemaker, publicada em Amsterdam, em 1657. A primeira edição em língua inglesa é a de Elizabeth Carter, de 1758. No século xx, disseminaram-se as edições das *Diatribes* de Epicteto em línguas modernas. Cotejaremos nossa tradução com as de George Long (1890), Oldfather (1928), Souilhé (1945) e Dobbin (1998).

As diatribes

Tradução de
ALDO DINUCCI[*]

[*] Revisão técnica de Luiz Márcio Fontes.

Carta-prefácio
de Flávio Arriano

De Arriano a Lúcio Gélio: Salve!

1 Nem compus os discursos de Epicteto (como se alguém pudesse escrever tais coisas!), nem eu mesmo, que 2 digo não os ter escrito, os trouxe a público. Tudo quanto ouvi Epicteto dizer, isso mesmo tentei, escrevendo como me era possível, guardar com cuidado para mais tarde a mim mesmo — as lembranças de seu pensamento e de sua 3 franqueza. São, pois, [tais discursos] adequados para que alguém, quando solicitado, fale de moto próprio a outrem, 4 mas não como se alguém os tivesse composto para outros os lerem posteriormente. Sendo de tal qualidade, não sei como (não tendo eu consentido, nem tendo eu conhecimento) se tornaram conhecidos pelos seres humanos. 5 Se eu for considerado incompetente ao compô-los, é de pouca importância para mim; nem importa minimamente a Epicteto se alguém menosprezar suas palavras, já que é claro que ele, quando as pronunciava, nada desejava senão mover o pensamento dos ouvintes para o que há de 6 melhor. Então, se esses discursos puderem realizar isso, terão, penso eu, exatamente aquilo que os discursos dos 7 filósofos devem ter. Caso contrário, saibam os que leem esses discursos que o próprio [Epicteto], quando os proferia, fazia com que o ouvinte sentisse precisamente o que 8 ele [Epicteto] queria que sentisse. Se os discursos por si

mesmos não realizarem isso, quis talvez a fortuna que eu fosse o responsável, quis talvez a fortuna que assim fosse necessário. Adeus.

Diatribe 1.1

Sobre as coisas que estão e as que não estão sob nosso encargo[1]

1   Entre as demais capacidades,[2] nenhuma encontrareis que contemple a si mesma e, por essa razão, nenhuma que

2   aprove[3] ou reprove[4] [a si mesma]. Em que medida a gramática é contemplativa? Na medida em que julga as letras. E a arte da música? Na medida em que julga a melodia.

3   Alguma delas contempla a si mesma? De modo algum. Se escreveres algo a um amigo, a gramática dirá como deves escrever as coisas que devem ser escritas. Mas a gramática não dirá se deves ou não escrever ao amigo. Do mesmo modo também é a arte da música em relação às melodias. Ela não te dirá se deves ou não cantar ou tocar a cítara[5]

4   agora. Então qual [capacidade] dirá? A mesma que contempla tanto a si mesma quanto todas as outras. E que capacidade é essa? A capacidade racional.[6] Pois somente essa nos foi dada compreendendo tanto a si mesma (o que é, do que é capaz e que valor tem) quanto todas as

5   outras. E que outra capacidade nos diz que o ouro é belo? Ele mesmo não nos diz. É evidente que a capacidade racional é a que faz uso[7] das representações.[8] Que outra

6   capacidade julga[9] a música, a gramática e as outras artes, avaliando o uso delas e indicando o momento propício[10] [para o seu uso]? Nenhuma outra.

7   Desse modo, como era devido, os Deuses[11] puseram sob nosso encargo[12] apenas a melhor de todas [as capacidades], aquela que comanda, aquela que usa corretamente

96 EPICTETO

as representações. As demais não estão sob nosso encargo. Então [isso] é [assim] porque os Deuses não quiseram [pôr as demais também sob nosso encargo]? Parece-me que, se pudessem, confiariam a nós as demais, mas absolutamente não o puderam.[13] Pois, estando nós sobre a terra, e tendo sido unidos a tais corpos e tais companheiros, como seria possível, em relação a esses, não sermos entravados pelas coisas externas?

E o que diz Zeus?

— Epicteto, se fosse possível, faria o teu diminuto corpo[14] e as tuas diminutas posses livres e desembaraçados. Assim, não te esqueças: este corpo, argila finamente trabalhada, não é teu. Mas já que isso não pude [te dar], dei-te uma parte nossa: a capacidade para o impulso e o refreamento,[15] para o desejo e a repulsa[16] — em suma: aquela que faz uso das representações. Se cuidares dela e nela depositares as tuas coisas, jamais sofrerás entraves, jamais serás impedimento para ti mesmo, não te queixarás, não censurarás ninguém, não adularás ninguém. E então? Essas coisas[17] te parecem insignificantes?

— De modo algum!

— E tu te contentas com elas?

— Juro pelos Deuses [que sim]![18]

Mas agora, nós, podendo cuidar de uma só coisa e a uma só nos ligar, queremos, em vez disso, de muitas cuidar e estar ligados a muitas: o corpo, a propriedade,[19] o irmão, o amigo, o filho, o servo. Assim, como estamos ligados a muitas coisas, ficamos sobrecarregados e somos arrastados por elas. Por isso, quando é impossível navegar, sentamo-nos ansiosos e incessantemente olhamos pela janela:

— Que vento sopra?

— O Bóreas.[20]

— Em que ele nos interessa? Quando soprará o Zéfiro?[21]

— Quando a Zéfiro parecer bom, ó melhor dos humanos, ou a Éolo.[22] Pois Deus não te fez intendente dos ventos, mas Éolo.

AS DIATRIBES 97

17 Que fazer então? Usar da melhor maneira as coisas que estão sob nosso encargo e, quanto às outras, devemos nos servir delas como são por natureza.

— E como são por natureza?

— Como Deus as quer.

18 — Mas só eu serei decapitado agora?

— E daí? Desejas que todos sejam decapitados para que

19 te encorajes? Não desejas estender o pescoço como Laterano[23] em Roma, a quem Nero ordenou que fosse decapitado? Estendeu, pois, o pescoço, foi golpeado e, tendo sido esse golpe fraco, retirou o pescoço por um instante e o esten-

20 deu de novo. Além disso, antes, ele, quando esteve com o liberto[24] de Nero, Epafrodito, que veio interrogá-lo sobre a revolta, disse: "Se eu quiser algo, [falarei] com teu senhor".

21 Então o que devemos ter à mão em tais situações? O que senão [o conhecimento sobre] o que é meu e o que não é meu? Sobre o que me é possível e o que não me é possí-

22 vel?[25] Devo morrer. Mas também devo morrer gemendo? Devo ser aprisionado. E também devo ser aprisionado me lamentando? Devo ser exilado. O que me impede de ser exilado rindo, com bom humor e sereno?[26]

23 — Diz-me teus segredos.

— Não os digo: pois isso é algo que depende de mim.

— Mas te aprisionarei.

— Homem, o que dizes? Aprisionar-me? Aprisionarás minha perna, mas a minha capacidade de escolha,[27] nem Zeus pode submeter.

24 — Lançar-te-ei à prisão!

— [Lançarás à prisão] o meu diminuto corpo.

— Decapitar-te-ei.

— Quando eu te disse que meu pescoço é o único que não pode ser cortado?

25 Os que filosofam devem praticar[28] essas coisas, devem escrever a cada dia sobre elas, devem exercitar-se nelas.[29]

26 Trásea[30] costumava dizer: "Prefiro ser morto hoje a ser

27 exilado amanhã". E o que lhe disse Rufo?[31] "Se escolheres

a morte como a pena mais pesada, que loucura de escolha! Mas se como a mais leve, quem te deu tal escolha? Não desejas praticar o contentar-te com o que te foi dado?"[32]

O que disse Agripino sobre esse assunto? "Não sou entrave para mim mesmo"?[33] "Estás sendo julgado no Senado, boa sorte!" — disseram-lhe. Era a quinta hora,[34] momento em que ele costumava exercitar-se e depois tomar um banho frio: "Saiamos e nos exercitemos". Enquanto ele se exercitava, alguém, vindo a ele, lhe disse: "Foste condenado!". "Ao exílio", indagou Agripino, "ou à morte?" "Ao exílio." "E as minhas posses?" "Não foram confiscadas." "Vamos, pois, para Arícia[35] e almocemos lá."

Isso é ter praticado as coisas que devem ser praticadas, ter tornado o desejo [e] a repulsa desimpedidos e não trôpegos.[36] Devo morrer. Se agora mesmo, morro. Se dentro de pouco tempo, agora almoço, já que é a hora. Então, depois, morrerei. Como morrerei? Como é próprio de quem abre mão de algo que pertence a outro.

Diatribe 1.2

Como *manter o caráter próprio*[1] *em todas as circunstâncias*

1
2 Para o animal racional só é insuportável[2] o que é irracional. Mas o que é racional[3] é suportável. Por natureza, pancadas não são insuportáveis.

— Como?

— Vê como: os lacedemônios[4] suportam ser chicoteados por aprenderem que isso é racional.

3 — E não é insuportável enforcar-se?

— Quando alguém achar[5] que é racional, ele vai e se
4 enforca. Em suma: se observarmos bem, por nada encontraremos o animal [racional] sendo mais oprimido que pelo irracional; e, em sentido inverso, por nada sendo mais atraído que pelo racional.

5 Mas acontece que o racional e o irracional se revelam diferentes para cada um, assim como o bem e o mal,
6 o vantajoso e o desvantajoso. Principalmente para isto devemos nos instruir: para aprender a aplicar, de modo harmonioso à natureza, a pré-noção[6] do racional e do irracional às realidades particulares.[7]

7 Para julgarmos o racional e o irracional, não nos guiamos somente pelos valores das coisas exteriores, mas também pelos valores das coisas segundo o caráter próprio de
8 cada um. Pois para um é racional segurar um penico para alguém apenas porque considera que, se não o fizer, receberá pancadas e não terá alimentos, mas, se o segurar, não so-
9 frerá algo duro[8] ou doloroso. Porém, para outro, parecerá

insuportável não só o segurar, como também suportar que outro o segure. Assim, se me perguntares "Devo segurar o penico ou não?", dir-te-ei que tem mais valor receber alimentos que não os receber, e que tem menos valor[9] ser castigado que não o ser. De modo que, se medes por essas coisas as tuas próprias, então vai segurá-lo.

— Mas isso não seria próprio do meu caráter.

— És tu que deves inserir isso na deliberação, não eu. Pois és tu que conheces a ti mesmo, quanto valor tens para ti mesmo e por quanto vendes a ti mesmo, já que diferentes seres humanos se vendem por diferentes preços.

Por isso, quando Floro deliberava se devia descer ao espetáculo de Nero para dele participar, Agripino lhe disse: "Desce". E quando Floro lhe indagou: "Por que tu mesmo não desces?", ele disse: "Nem sequer cogitei essa possibilidade".[10] Pois próximo está daqueles que esquecem o caráter que lhes é próprio aquele que, para investigar essas coisas de uma vez por todas, atribui seu voto logo depois de julgar o valor das coisas externas.[11] E tu, o que me indagas? Entre morte e vida, o que devemos escolher? Digo que a vida. Entre o prazer e a dor, o que devemos escolher? Digo que o prazer.

— Mas, se eu não participar da tragédia,[12] serei decapitado.

— Então vai e participa da tragédia, mas eu não participarei.

— Por quê?[13]

— Tu te crês uma linha entre as que compõem a túnica.

— E daí?

— Tens de refletir como não ser dissemelhante dos outros seres humanos, do mesmo modo que uma linha não deseja possuir nada de singular em relação às outras linhas. Mas eu desejo ser a linha púrpura,[14] aquela pequena e brilhante, causa de as demais se mostrarem graciosas e belas. Então por que me dizes: "Age de modo semelhante aos muitos"?[15] Como ainda serei a linha púrpura?

AS DIATRIBES

19   Também Helvídio Prisco[16] percebeu essas coisas e, depois de considerá-las, agiu. Quando Vespasiano enviou-lhe um pedido para que não comparecesse ao Senado, Prisco respondeu: "Depende de ti[17] não me permitir ser senador. Mas enquanto eu o for, devo comparecer".

20   — Vai — disse Vespasiano —, porém, ao comparecer, fica em silêncio.

— Não me interrogues e ficarei em silêncio.

— Mas devo interrogar-te.

— E devo dizer o que se me afigura justo.

— Se falares, te condenarei à morte.

21   — Quando eu te disse que sou imortal? Tu farás o que é teu, e eu farei o que é meu. É teu condenar-me à morte. É meu morrer sem tremer. É teu condenar-me ao exílio. É meu retirar-me sem me afligir.

22   Mas para que Prisco foi útil, sendo apenas um? Para que é útil a linha púrpura em relação à toga?[18] Pois que outra coisa se apresenta em Prisco notável como a linha senão

23   o belo exemplo que expõe aos demais? Outro, quando César[19] lhe falasse em tais circunstâncias para não ir ao

24   Senado, diria: "Dou-te graças por ter me poupado". Talvez César nem mesmo impedisse tal indivíduo de ir ao Senado, já que saberia que ele iria sentar-se calado como um túmulo ou, se falasse, diria o que sabia que César queria [ouvir] e ainda acrescentaria outras coisas mais.

25   Do mesmo modo [agiu] também um atleta que corria o risco de morrer se não lhe amputassem o membro viril. Quando foi ter com ele, que era filósofo, o irmão — que lhe disse: "Então, irmão, o que pretendes fazer? Amputaremos essa parte e depois iremos ao ginásio?", o atleta

26   não se submeteu e perseverou até morrer. Quando alguém indagou: "Como ele fez isso? Como atleta ou como filósofo?", Epicteto lhe disse: "Como homem, homem que foi aclamado, que competiu nos Jogos Olímpicos e que se

27   sentia em casa nesses lugares sem ter sido untado na escola de Batão".[20]

Outro teria o pescoço decepado se fosse possível viver sem ele. Tal é o que está de acordo com o caráter próprio: muito grande é a sua força para os que estão habituados a, por si mesmos, inseri-lo nas deliberações.

— Então, Epicteto, faz a barba.

Se eu for filósofo, direi: "Não a farei".[21]

— Mas te cortarei o pescoço.

— Se é melhor para ti, corta-o.

Alguém indagou a Epicteto: "Como, então, cada um de nós perceberá o que é apropriado a seu caráter?". Não é somente quando o leão ataca — disse Epicteto — que o touro percebe a sua constituição natural[22] e se lança em defesa de toda a manada? Não é evidente que, de imediato, por possuir a constituição natural, está ao mesmo tempo ciente[23] dela? Desse modo, se algum de nós possuir tal disposição natural, não a ignorará. Mas o touro não se torna subitamente touro, nem o ser humano se torna subitamente nobre: é preciso ter passado por um treinamento de inverno,[24] é preciso ter se preparado e não se lançar ao acaso sobre coisas que não são adequadas. Apenas delibera por quanto vendes a tua capacidade de escolha. Humano, se não puderes fazer outra coisa, ao menos não a vendas por pouco. Mas talvez as ações grandes e singulares pertençam a outros, a Sócrates e a outros tais.

— Então se somos assim por natureza,[25] por que nem todos, nem muitos, se tornam tais?

— E por acaso todos os cavalos se tornam velozes? Todos os cães se tornam farejadores? E então? Se eu for naturalmente sem talento, deverei por causa disso deixar de lado o cuidado? De modo algum. Epicteto não será melhor que Sócrates, mas se eu não o for ser-me-á suficiente não ser pior. Pois não serei Milão[26] e nem por isso descuido do corpo.[27] Pois não serei Creso[28] e nem por isso descuido das posses. Tampouco, em geral, deixamos de cuidar de alguma outra coisa por não esperarmos ser os melhores.

Diatribe 1.3

Como *chegar às consequências da tese de que Deus é pai de todos os humanos*

1   Se alguém simpatizasse[1] com esta opinião — como se deve, dado seu mérito — de que todos primariamente nascemos de Deus, e que Deus é pai dos humanos e dos Deuses, penso que não ponderaria nada sórdido ou
2   abjeto sobre si mesmo. Se César[2] te adotasse, ninguém abalaria a tua confiança, mas se souberes que és filho de
3   Zeus, não te exaltarás? Na verdade, não fazemos isso, visto que estes dois elementos foram misturados em nossa gênese: o corpo, em comum com os animais; e a razão, isto é, o pensamento,[3] em comum com os Deuses. Uns se inclinam para o primeiro parentesco, que é desafortunado e mortal. Outros poucos, para o divino e bem--aventurado.[4]
4   Já que é necessário que todo humano use cada coisa segundo o que supõe[5] sobre ela, aqueles poucos que pensam ter nascido tanto para a confiabilidade e a dignidade quanto para a correção no uso das representações não supõem nada sórdido ou abjeto sobre si mesmos. A mul-
5   tidão pensa o contrário.* "O que sou? Um diminuto e
6   miserável ser humano, um desgraçado pedaço de carne." A carne é desgraçada, mas tu possuis também algo melhor que ela. Por que abandonas o melhor e te agarras à carne?

---

* Traduzimos assim a expressão *hoi polloi* seguindo sugestão de Alexandre Costa, professor de filosofia da UFF.

7   Por esse parentesco, alguns, inclinando-se [para a carne], se tornam semelhantes aos lobos: desleais,[6] traiçoeiros e nocivos. Outros se tornam como os leões: agrestes, bestiais e selvagens. Mas muitos de nós se tornam raposas e, portanto, o que há de mais desafortunado[7] entre os animais.

8   Pois que outra coisa é um ser humano ofensivo e malévolo senão uma raposa ou algum outro animal desafortunado

9   e abjeto? Assim, vigia e toma cuidado para que não proves ser algum desses seres desafortunados.

Diatribe 1.4

Sobre o progresso

Aquele que progride[1] é quem aprendeu dos filósofos que o desejo é pelas coisas boas e que a repulsa é em relação às más; é quem aprendeu também que o curso sereno de vida[2] e a ausência de sofrimento [na mente][3] não advêm de outro modo ao ser humano senão não falhando no desejo e não deparando com [o objeto d]a repulsa; [aquele que progride] é quem removeu de si mesmo por completo o desejo e o deferiu,[4] [e que] faz uso da repulsa somente em relação às coisas passíveis de escolha.[5] Pois sabe que, se repudiar alguma das coisas que não são passíveis de escolha,[6] um dia topará com algum [objeto] de sua repulsa e será desafortunado. Mas se a própria virtude[7] é a promessa de produzir felicidade, ausência de sofrimento [na mente], curso sereno de vida,[8] também o progresso em direção à virtude é indubitavelmente o progresso em direção a cada uma dessas coisas. Pois para onde quer que a realização completa de algo conduza, para aí tende o progresso.

Então como concordamos ser a virtude algo tal, mas buscamos e exibimos progresso em outras coisas? Qual é a obra da virtude? O curso sereno de vida. Então quem progride? Aquele que leu as muitas obras de Crisipo? Por acaso a virtude é isso, conhecer [as obras de] Crisipo? Pois, se for isso, admitidamente o progresso nada será senão conhecer as muitas obras de Crisipo. E agora concordamos que a virtude leva a uma coisa, mas declaramos que o progresso tende a outra.

— Esse [indivíduo] — diz[9] [alguém] — já é capaz de ler Crisipo sozinho.

— Bom! Pelos Deuses, tu progrides, homem! E que progresso!

— Por que ris dele? Por que o desvias da ciência[10] de seus males? Não desejas mostrar-lhe a obra da virtude para que ele aprenda onde buscar o progresso? Busca, infeliz, aí mesmo onde está a tua tarefa. E onde ela está? No desejo e na repulsa, para que sejas infalível[11] nos seus desejos e irrepreensível[12] nas suas repulsas; nos impulsos e nos refreamentos, para que não cometas faltas;[13] no assentimento[14] e na suspensão de juízo,[15] para que não cometas erro nenhum. Em primeiro lugar estão os principais e mais necessários tópicos.[16] Como progrides se buscas ser irrepreensível tremendo e temendo?

Então me mostra aí o teu progresso. Do mesmo modo que se eu dissesse a um atleta "Mostra-me tuas espáduas e teus braços",[17] e ele respondesse "Olha meus halteres".[18] Tu olharás teus halteres.[19] Eu desejo ver o efeito[20] dos halteres.

— Toma a obra[21] *Sobre o impulso*[22] e sabe como eu o li.[23]

Prisioneiro![24] Não busco [saber] isso, mas como usas o impulso e o refreamento, como usas o desejo e a repulsa, como te devotas, como te aplicas, como te preparas: se de modo harmonioso ou não harmonioso à natureza. Pois se [ages] de modo harmonioso, mostra-me isso e te direi que progrides. Porém, se não [ages] de modo harmonioso, vai e não só interpreta os livros, mas escreve os teus próprios. Que vantagem há para ti? Não sabes que o livro inteiro custa cinco denários?[25] Então parece que quem interpreta o livro vale muito mais que cinco denários? Assim, jamais busques em uma parte a obra e noutra o progresso!

Quando, então, ocorre o progresso? Quando algum de vós, afastando-se das coisas exteriores, voltar-se sobre a sua capacidade de escolha, aperfeiçoando-a e exercitando-a,

AS DIATRIBES

tornando-a harmoniosa à natureza, elevada, livre, desim-
pedida, desembaraçada, leal, digna,[26] e aprendendo que
não é possível ser leal e livre quem deseja ou evita as coisas
que não estão sob seu encargo, mas que é necessário para
este se modificar e vagar com elas,[27] bem como sujeitar-se
aos que podem provê-las ou impedir-lhes o acesso. E então,
[o que progride,] ao despertar na alvorada, velará e guarda-
rá o que aprendeu, banhando-se como [ser humano] leal,
comendo como [ser humano] digno[28] e, do mesmo modo,
sempre, sobre o que quer que ocorra, exercitando os princípios filosóficos,[29] como o corredor [exercita] o que é relativo
à corrida e o cantor [exercita] o que é relativo ao canto. Esse
é quem verdadeiramente progride, esse é quem não viajou
ao acaso. Mas se objetivar se apossar das coisas que estão
nos livros, nisso se exercitando e para isso viajando, digo
a ele que volte imediatamente para casa e não descuide de
seus assuntos por lá, já que isso pelo que viajou é nada. Este
[é o objetivo]: praticar a remoção de sua própria vida das
aflições e lamentos, o "ai de mim" e o "sou um infeliz", a
má fortuna e o infortúnio; aprender o que é a morte, o que
é o exílio, o que é a prisão, o que é a cicuta,[30] para ser capaz
de dizer na prisão "Ó amigo Críton, se assim é desejado
pelos Deuses, que assim seja",[31] e não frases como "Sou um
infeliz, um velho! Para isso velo pelos meus cabelos grisa-
lhos?". Quem diz tais palavras? Parece que falo de alguém
abjeto e obscuro para vós? Príamo[32] não as diz? Édipo[33]
não as diz? Todos os reis não as dizem? Portanto, o que são
as tragédias senão os sofrimentos,[34] exibidos em versos
como esses, de humanos que admiram[35] as coisas externas?
Pois se alguém tivesse de ser enganado para aprender que
as coisas externas e não passíveis de escolha nada são em
relação a nós, eu desejaria ser assim enganado para, por
conta disso, ter curso sereno de vida e ausência de agitação
na mente. Mas vede vós por vós mesmos o que desejais.

Então o que nos oferece Crisipo? "Que saibas — diz [Cri-
sipo] — que não são falsas essas coisas das quais se obtêm o

curso sereno de vida e a ausência de sofrimento [na mente]:
29 toma meus livros e sabe como são conformes[36] e harmo-
niosas à natureza as coisas que me tiram o sofrimento da
mente." Ó grande boa fortuna! Ó grande benfeitor que [nos]
30 mostra o caminho! Ora, todos os seres humanos erguem
31 templos e altares a Triptólemo,[37] porque ele nos deu os alimentos cultivados. Porém, àquele que descobriu e iluminou
a verdade e a exibiu a todos os humanos, não só [a verdade]
sobre o viver, mas [a verdade] em relação ao bem viver,[38]
qual de vós construiu um altar, ou ergueu um santuário ou
32 uma estátua, ou agradeceu a Deus por ele? Oferecemos sacrifícios porque [os Deuses] nos deram as vinhas ou o trigo,
mas não damos graças a Deus porque produziu fruto de tal
qualidade no pensamento humano, pelo qual predestinou
mostrar-nos a verdade sobre a felicidade?

Notas

DIATRIBE I.I —
SOBRE AS COISAS QUE ESTÃO E AS QUE NÃO ESTÃO
SOB NOSSO ENCARGO [pp. 95-8]

1. A Diatribe I.I é de fundamental importância para a compreensão do pensamento epictetiano, sendo o capítulo 1 do *Manual*, de Epicteto, um resumo dela. Entre os parágrafos 1 e 6 da presente Diatribe, Epicteto observa que a razão tem o poder arquitetônico de examinar a si mesma e tudo mais. Entre os parágrafos 7 e 17, Epicteto salienta que a razão, por sua capacidade reflexiva, deve se concentrar em si mesma e não em coisas externas, que não estão sob nosso encargo. Entre os parágrafos 18 e 32, tal princípio é ilustrado através de exemplos históricos de pessoas que tiveram a concepção certa a respeito de nosso controle sobre as representações (*phantasiai* — cf. nota à frente) e a nossa falta de controle sobre o corpo.

2. *Dynamis* no sentido tanto de capacidade quanto de arte (techne).

3. *Dokimastikos.*

4. *Apodokimastikos.*

5. *Kythara*: instrumento musical de cordas da família da lira, usada, diferentemente desta última, por músicos profissionais.

6. *He dynamis he logike. Logike* é adjetivo de *logos*, conceito tomado de Heráclito pelo Pórtico. Tal *logos*, para os estoicos, é o princípio da física e a razão universal que

governa a realidade. Na psicologia estoica, o *logos* representa a capacidade da razão que compreende as funções da mente humana, sendo equivalente ou coextensiva à parte diretriz (*to hegemonikon*), governando a sensação, a representação, o impulso e o assentimento (cf. Diógenes Laércio, 7.159). A noção de *dynamis* cobre não apenas as artes (cf. parágrafo 2), como também as capacidades da mente (cf. parágrafos 4-12). Para os estoicos, há uma *dynamis* da mente que, dependendo de sua disposição, ora pensa, ora se torna irascível, ora deseja (cf. SVF, 2.823). A capacidade racional para Epicteto é responsável tanto pela produção quanto pela avaliação das representações (cf. *Diatribes*, 1.20.1-11; 2.23.5-6). Para Epicteto e os demais estoicos, a razão é critério para si mesma. A razão também confere valor — o que é de fundamental importância para o pensamento epictetiano. A argumentação de Epicteto sobre a incapacidade de autoavaliação e avaliação das demais artes lembra o argumento de Platão no *Laques* (195c), no qual o mesmo é dito sobre a medicina.

7. *Chrestike*: no sentido ativo, significa "apto a se servir", "o que faz uso de".

8. A noção de *phantasia* é de fundamental importância para a compreensão da filosofia estoica por relacionar-se a questões tanto lógicas quanto epistemológicas e éticas. Entretanto, os comentadores divergem sobre como traduzir o termo: Lesses (1998), Annas (1991) e Sorabji (1990) traduzem *phantasia* como "aparência" (*appearance*); Frede (1983) e Long e Sedley (1987) empregam o termo "impressão" (*impression*); Inwood e Gerson (1988) optam por "apresentação" (*presentation*); Long (1991) usa o termo "representação" (*representation*), substituindo sua tradução anterior, "impressão" (*impression*), para evitar confusão com o conceito humiano homônimo. Embora tanto Cleanto quanto Crisipo considerem a *phantasia* uma modificação da parte diretriz, eles divergem ao explicar essa mudança. Para Lesses (1998, p. 6), Crisipo parece criticar Cleanto por aceitar uma concepção ingênua de representação mental, segundo a qual as *phantasiai* perceptivas são cópias de qualidades que os objetos representados possuem

NOTAS   111

(cf. Diógenes Laércio, 7.50.4). Além disso, Annas (1991, pp. 74-5) compreende estar implicado nas observações de Crisipo que as *phantasiai* são articuláveis em forma linguística. Ora, quanto às alternativas para traduzirmos o termo *phantasia*, parece-nos que "impressão" está mais próximo de Cleanto do que de Crisipo, pois a metáfora utilizada por Cleanto para introduzir o conceito em questão é justamente a da impressão sobre a cera, metáfora que é criticada por Crisipo por seu caráter imagético. A concepção de Crisipo sobre a *phantasia* — adotada desde então pelo estoicismo — é de que ela tem duas facetas: uma sensível (pois, como dissemos, trata-se de uma modificação da parte diretriz) e outra virtual (aquilo que é articulável em forma linguística, o sentido que lhe é atribuído pelo pensamento, o *lekton*). Assim sendo, parece-nos que a palavra "representação" (que tem, de acordo com o Aurélio, o sentido filosófico geral de "conteúdo concreto apreendido pelos sentidos, pela imaginação, pela memória ou pelo pensamento") serve para o nosso propósito, e por ela traduziremos *phantasia*. Cf. Dinucci, 2017.

9. *Diakrino.*

10. *Kairos.*

11. "Deuses", "Deus" e "Zeus" ocorrem como sinônimos em Epicteto. Referem-se ao princípio cósmico que determina o fluxo de todas as coisas, sendo, por isso, também o destino (*heimarmene*); o princípio material de tudo o que existe (pois os estoicos não concebem nenhuma realidade senão a corpórea); o que confere aos seres vivos as habilidades de que necessitam para sobreviver, sendo, por isso, também a providência (*pronoia*); e o conjunto das leis da natureza, sendo, por isso, também a Razão Universal (*logos*).

12. A expressão *eph' hemin* significa literalmente "o que está sobre nós". Nesse caso, *epi* expressa uma relação de dependência, referindo-se a coisas que nos têm como causa única e que, portanto, dependem de nós.

13. Long (1996c, pp. 299-309) observa que Epicteto, nessas linhas, se distingue dos estoicos antigos, afirmando limites para a atuação da divindade (cf. Sêneca, *Cartas a*

Lucílio, 65.2). Dobbin (2007, p. 70) também comenta que, nos estoicos imperiais, há uma tendência a ver na matéria um obstáculo à onipotência divina (cf. Sêneca, *Cartas a Lucílio*, 58.27; *Da Providência*, 5.8-9). Nessas linhas, Epicteto trata do corpo como matéria na qual o *logos* (o que realmente somos) se encontra. Embora Epicteto considere o corpo inferior à razão, ele não o condena, mas tão somente critica aqueles que se prendem em demasia a ele. Para Epicteto, o corpo está entre as coisas que nos são externas e que, portanto, não dependem de nós, o que não impede Epicteto de recomendar que ele seja cuidado e não negligenciado (cf. *Diatribes*, 4.11; Xenofonte, *Memoráveis*, 1.2.4; 3.12). Além disso, como observa Dobbin (2007, pp. 71-2), a independência da mente em relação ao corpo, como o temos em Platão (por exemplo, no *Fédon* ou *Livro X da República*), é estranha aos estoicos, para os quais não há transcendência, seja no âmbito metafísico, seja no pessoal (Epicteto afirma expressamente que não há Hades e coisas tais — cf. *Diatribes*, 3.13.15). Como observa Simplício, comentando tal ausência de transcendência da alma em Epicteto: "Devemos admirar esta qualidade de seus discursos, sua habilidade de tornar felizes aqueles que os praticam sem prometer recompensas para a virtude depois da morte" (Simplício, *Comentário ao Encheiridion de Epicteto*, 3A).

14. *Somation*: com o diminutivo de soma ("corpo"), Epicteto quer mostrar o caráter servil do corpo por oposição à capacidade de escolha, que é livre. O corpo, além de coisa ínfima se comparado à enormidade do cosmos, se inclui entre as coisas que não estão sob nosso encargo, sendo, portanto, determinado pelas cadeias causais externas à capacidade de escolha. Cf. *Diatribes*, 1.12.26.

15. *ten hormetien te kai aphormetiken*: impulso é tradução de *horme*, que, em Epicteto, significa a tendência para agir desta ou daquela maneira diante de determinada coisa. *Aphorme* é o contrário de *horme*, daí nossa tradução por "refreamento". Cf. Crisipo, svf, 3.42.

16. *Oretiken te kai ekkletiken*: literalmente "a capacidade de desejo (*orexis*) e de repulsa (*ekklisis*)". *Orexis* é o nome

NOTAS 113

da ação do verbo *orego*, que significa "estender ou tender na direção de algo", donde "desejo", "apetite". *Orexis* se opõe a *ekklisis*, que expressa o movimento contrário, o de afastar-se.

17. O poder de usar corretamente as representações (parágrafo 7) é parafraseado como o poder de impulso e refreamento, de desejo e repulsa.

18. Comparar com *Diatribes*, 1.2.38.

19. Luís Márcio Fontes sugere "a casa".

20. O vento norte, que impedia a navegação, simbolizando aqui um impedimento.

21. O vento oeste, favorável à navegação.

22. O senhor dos ventos. Cf. *Odisseia*, 10.21.

23. Nos parágrafos 18-32, Epicteto exemplifica o que disse, relembrando célebres romanos que participaram da conspiração de Pisão contra Nero. Apesar de terem sofrido a morte ou o exílio, souberam manter a dignidade, concentrando-se naquilo que dependia deles (cf. Sêneca, *Cartas a Lucílio*, 6.5). Quanto a Laterano, como dissemos acima em nota, submeteu-se à morte por duas vezes, ilustrando o controle sobre as representações. O fato de ter recuado e depois voltado à posição para a decapitação se refere aos movimentos involuntários (instintivos) que podem ser controlados depois de um espaço de tempo (cf. Sêneca, *Cartas a Lucílio*, 82; *Da ira*, 1.16.7; Epicteto, *Diatribes*, 3.24.108; 2.1-4; Aulo Gélio, *Noites áticas*, 12.5.11-12).

24. Lemos aqui *apeleuthero*, diferentemente de Schenkl.

25. Ou sobre o que me é permitido ou não.

26. Cf. *Diatribes*, 1.2.21; 2.16.15-17; 4.1.127; Sêneca, *Cartas a Lucílio*, 95.40; *Da Providência*, 2.4; 3.4-14. O verbo aqui é *euroeo*. Schweighäuser (1799 [3], p. 342) define o termo como "*prosper rerum cursus, tranquillitas animi; vita beata*" (curso próspero das coisas, tranquilidade da mente, vida feliz). Souilhé traduz o termo por "*serenité*". Dobbin o verte por "*good flow of life*" (bom fluxo de vida). O verbo *euroeo* significa primariamente "fluir bem, fluir abundantemente". Cf. Sêneca, *Cartas a Lucílio*, 120.11.

27. *Prohairesis*. "Aprisionar-te-ei": o corpo pode ser constrangido, a escolha, não. Cf. *Diatribes*, 1.18.17; Diógenes

114 AS DIATRIBES

Laércio, 9.59; Platão, *Apologia de Sócrates*, 30c. Quanto a essa passagem da *Apologia de Sócrates* ("Ânito e Meleto podem me matar, mas não podem me causar dano"), cf. Epicteto, *Diatribes*, 1.29.18; 2.2.15; 2.23.21.

28.   O verbo aqui é *meletao*.

29.   Prática da filosofia. Cf. Platão, *Fédon*, 64 a; Epicteto, *Diatribes*, 4.1.172; Marco Aurélio, 2.17.

30.   Cf. nota sobre Públio Clódio Trásea Peto na Introdução.

31.   Cf. nota sobre Caio Musônio Rufo na Introdução.

32.   Musônio Rufo, fragmento 56 (Hense).

33.   Cf. nota sobre Agripino na Introdução. Agripino também é mencionado em *Diatribes*, 1.2.12, e fragmentos 21-22 (neste último, esse dictum é repetido). Cf. Sêneca, *Cartas a Lucílio*, 94.28. Quanto a "Devolver o que foi emprestado", cf. *Diatribes*, 2.16.28; 4.1.102, 172; Sêneca, *Da Providência divina*, 5.5.

34.   Onze horas da manhã.

35.   Arícia (em latim, Aricia) distava cerca de trinta quilômetros de Roma. Era a primeira parada de descanso da Via Ápia para os viajantes vindos da Cidade Eterna.

36.   *Aperiptota*.

DIATRIBE 1.2 —
COMO MANTER O CARÁTER PRÓPRIO EM TODAS
AS CIRCUNSTÂNCIAS [pp. 99-102]

1.   *Kata prosopon*: Souilhé traduz a expressão por *"dignité personnelle"*; Dobbin e Oldfather, por *"proper character"*.

2.   *Aphoreton*. Cf. Epicteto, *Manual*, 43.

3.   *Eulogon*. O termo significa algo entre racional e razoável, ou ambos ao mesmo tempo.

4.   Os jovens espartanos eram ritualmente chicoteados diante do altar de Artêmis. Durante o ritual, nem sequer gemiam, mesmo sangrando muito. Alguns chegavam a morrer. Cf. Cícero, *Questões tusculanas*, 2.14; 5.27; Sexto Empírico, *Esboços pirrônicos*, 3.208.

5.   O verbo aqui é *pascho*, que significa estritamente "ser levado a supor" — cf. LSJ s.v. pascho IV.

6.   *Prolepsis*: para Crisipo, uma pré-noção é "uma concepção

NOTAS 115

natural dos universais" (ἔστι δ' ἡ πρόληψις ἔννοια φυσικὴ τῶν καθόλου — Diógenes Laércio, 7.54). Epicteto nos diz que "pré-noções são comuns a todos os humanos, e uma pré-noção não entra em conflito com outra" (*Diatribes* 1.22.1-3.10). Sandbach (1971) sugere que Epicteto é o primeiro estoico a tratar pré-noções como ideias inatas. Ver *Diatribes*, 2.11.1-8, em que Epicteto menciona *emphytos ennoia* (conceitos inatos) como sinônimo de pré-noções. Ver também *Diatribes*, 1.22; 4.1.44-5; 4.8.6; Cícero, *Tópica*, 7; *De Natura Deorum*, 1.16; *Questões tusculanas*, 1.24; *De Finibus*, 3.6.

7. Os tradutores consultados (Souilhé, Oldfather, George Long, Dobbin) vertem tais *epi merous ousiais* por "aos casos particulares". "Realidade", nessa expressão, é tradução de *ousia*. Essa opção de tradução nos foi sugerida por Kelli Rudolph, professora de filosofia antiga do Departamento de Arqueologia da Universidade de Kent.

8. *Trachy*. Bailly (2000) define o adjetivo *trachys* primariamente como "áspero". Simplício (*Comentário ao Encheiridion de Epicteto*, v. 1.5) observa que, em Epicteto, *Manual*, 1.5, a representação é dita *tracheia* por ser contrária à razão, tornando a vida áspera. Esse adjetivo só ocorre em conexão com o conceito de representação no *Manual*. Nas *Diatribes*, refere-se sempre a situações ou coisas dolorosas, difíceis, duras de suportar. Cf. *Diatribes*, 1.24.1; 2.1.19.2; 3.10.7; 3.24.32; 4.5.33.

9. *Apaxia*.

10. Literalmente: "Nem deliberei".

11. Luís Márcio Fontes sugere: "Quem uma vez se rebaixou à investigação dessas coisas e aos valores das coisas externas e os calcula" (diz Fontes: "Parece-me mais razoável tomar *synkatheis* com as duas cláusulas como complemento" — *synkathemi* + *eis* significa "rebaixar-se").

12. Oldfather (1928, p. 18, n.10) crê que a participação de Floro consistiria em representar um papel em uma tragédia. Cf. Tácito, *Anais*, 14.14; Suetônio, *Nero*, 21.

13. Essa passagem (*Diatribes*, 1.2.17-24) foi cuidadosamente analisada por Carlos Enéas Moraes Lins da Silva, que muito contribuiu para aperfeiçoar nossa tradução.

14. *Porphyra*: referindo-se à *porphyra plateia* (*latus clavus*), larga faixa púrpura que se estendia perpendicularmente do pescoço ao centro da túnica, usada com exclusividade pela classe senatorial. Cf. Cícero, *Filípicas*, 2.43; Horácio, *Sátiras*, 1.6.28; Ovídio, *Tristitia*, IV.10.35; Suetônio, *Tibério*, 35; *Vespasiano*, 2, 4; *Augusto*, 38.

15. "Os muitos" (*hoi polloi*): com isso, Epicteto designa a massa de seres humanos sem instrução filosófica.

16. Cf. nota na Introdução sobre Helvídio Prisco.

17. *Epi soi*: assim, segundo Epicteto, Prisco toma decisões moralmente acertadas a partir da distinção entre o que está e o que não está sob seu encargo, sobre o que depende ou não de si.

18. *Himation*: termo grego para a toga romana, peça de vestuário de origem etrusca que era usada exclusivamente pelos cidadãos romanos.

19. Aqui se referindo ao título de imperador. No caso de Prisco, tratava-se de Vespasiano.

20. Um famoso treinador da época. "Sem ter sido untado": quer dizer, sem ter sido preparado ou sem ter treinado na escola de Batão. Na Antiguidade, os atletas, antes de seus exercícios, tinham o corpo untado. Epicteto, portanto, se refere ao atleta em questão como alguém que se fez por si mesmo.

21. Nesse tempo, a barba era signo do filósofo. Assim, retirar a barba equivale a deixar de ser filósofo.

22. *Paraskeue*: esse termo é muitas vezes usado em sentido militar, referindo-se ao equipamento que cada soldado traz consigo (equipagem). Aqui o termo é usado em conotação estritamente estoica: a constituição natural, recebida da natureza e própria de cada um.

23. *Synaisthesis*. Cf. *Diatribes*, 2.11.1. Dobbin traduz o termo por "*awareness*".

24. *Cheimaskeo*: literalmente "exercitar-se no inverno". Termo relativo aos acampamentos de inverno nos quais os soldados romanos se exercitavam, na preparação para batalhas vindouras.

25. Como Sócrates.

26. Um célebre lutador grego que teria vencido seis vezes os Jogos Olímpicos e seis vezes os Jogos Píticos. Diz-se que

NOTAS   117

era tão forte que carregava a própria estátua (cf. Pausânias, *Descrição da Grécia*, 6.14.6).

27.   Quanto à conclusão atingida, cf. Horácio, *Epístolas*,
       1.1.28.
28.   Creso: último rei da Lídia (entre 560 e 547 AEC). Imen-
       samente rico, deixou magníficas oferendas em Delfos,
       entre as quais se incluía um leão de ouro (cf. Pausânias,
       Descrição da Grécia, 10.5.13).

DIATRIBE 1.3 —
COMO CHEGAR ÀS CONSEQUÊNCIAS
DA TESE DE QUE DEUS É PAI DE TODOS
OS HUMANOS [pp. 103-4]

1.   O verbo aqui é *sympatheo*.
2.   "César" significando aqui o título.
3.   Respectivamente, *logos* e *gnome*.
4.   *Makarian*, acusativo feminino de *makarios*.
5.   O verbo aqui é *hypolambano*, que, em Epicteto, pode
      significar "ser de opinião de que" ou "supor", ou ainda,
      quando em conjunção com *eimi* (ser), "aceitar por hipó-
      tese que" (cf. *Diatribes*, 1.25.12; Dinucci, 2017).
6.   *Apistos*: contrário de *pistos* (leal).
7.   Cf. *Manual*, 21.

DIATRIBE 1.4 —
SOBRE O PROGRESSO [pp. 105-8]

1.   *Ho prokopon*: o estoicismo epictetiano, diferentemente
      do antigo e do médio, é caracterizado pela ênfase no
      indivíduo que progride, que caminha para a sabedoria.
      Anteriormente, o discurso estoico se centrava na figura
      do sábio ideal.
2.   *To euroun*.
3.   *Apathes*: Schweighäuser (1799 [(3)], p. 247) define o ter-
      mo como "'*passionum, pertabationum animi vacuitas*'"
      ('ausência de paixões e perturbações da mente').

118 AS DIATRIBES

4. Cf. *Manual*, 2.2. Oldfather imprime uma alternativa interessante: e ("ou") em vez de *kai* ("e") (Luís Márcio Fontes).

5. *Ta prohairetika. De prohairesis.*

6. *Ta aproairetika. De prohairesis.*

7. *Areta.*

8. *Euroia.*

9. *Phesin*. Essa é a senha epictetiana para inserir um interlocutor durante a exposição. Pode indicar uma pergunta feita por alguém no auditório ou ser somente um recurso retórico pelo qual Epicteto cria um interlocutor imaginário para introduzir um questionamento cuja resposta auxiliará a audiência na compreensão do tema em pauta. Como observa Oltramare (1926, p. 11), esse interlocutor invariavelmente expressa uma opinião do senso comum que Epicteto refutará.

10. *Synaisthesis.*

11. *Anapoteuktos*: literalmente, "infalível em seu desejo".

12. *Aperiptotos*: literalmente, "o que não tropeça".

13. *Anamartetos.*

14. *Prosthesis*, sinônimo de *synkatathesis* (assentimento).

15. *Epoche.*

16. Referindo-se aos três campos de estudo que caracterizam o programa educacional epictetiano. São eles: (1) a disciplina do desejo e da repulsa (*orexis* e *ekklisis*), pela qual se busca conhecer o que é propriamente bom e desejável; (2) a disciplina da ação (*horme* e *aphorme*), pela qual se busca saber qual ação é adequada para a vida de um ser racional que vive em comunidade; (3) a disciplina do assentimento (*synkatathesis*), pela qual se testam as representações de modo a distinguir quais são concordes à realidade e quais não são. Cf. *Diatribes*, 1.4.11; 1.17.20-6; 1.21.1-2; 2.8.29; 2.17.14-18; 2.24.19--20; 3.2.1-6; 3.12.8-15; 3.26.14; 4.4.13; 4.6.26; 4.10.13; 4.11.6; Marco Aurélio, 7.54; 8.7; 9.6.

17. "Espáduas e braços" é tradução de *omous*, acusativo plural de *omos*, termo que designa a região que compreende o ombro e o braço.

18. Quanto ao uso de halteres na Antiguidade, cf. Marcial, 14.49.

NOTAS 119

19.   Marco Aurélio, 8.41.25.

20.   *Apotelesma*: oposto de *aitia* (causa).

21.   *Syntaxis*: tratado sistemático.

22.   Possivelmente um tratado perdido de Crisipo. Não se tem outra notícia dele senão sua referência nesta passagem.

23.   Arriano se inspirou nesta linha e nas que seguem para escrever o capítulo 49 do *Manual*.

24.   *Andrapodon*: Schweighäuser (1798 [3], p. 239) observa que Epicteto com frequência adjetiva assim seus interlocutores ao criticar suas concepções. Tal se dá simultaneamente com severidade e humor. Cumpre notar que, para os estoicos, apenas o sábio é livre, enquanto os demais estão presos às suas concepções equivocadas sobre si mesmos e o mundo. *Andrapodon* era o termo grego aplicado aos cativos de guerra que, recém-escravizados, chegavam à cidade com os pés e as mãos acorrentados. Xenofonte nos informa que esse termo já era usado por Sócrates para se referir àqueles que não dispunham de noções éticas básicas e senso crítico: "Suas conversas eram sempre sobre as coisas humanas. Os problemas que ele discutia eram o que é o pio, o que é o ímpio; o que é o belo, o que é o feio; o que é o justo, o que é o injusto; o que é a prudência, o que é a loucura [...]. Esses e outros como esses, conhecimentos que, pensava ele, tornam o ser humano moralmente bom e belo (*kalos kai agathos*), enquanto os que ignoram tais coisas com justiça são chamados de 'prisioneiros' (*andrapoda*)" — Xenofonte, *Memoráveis*, 1.1.16.

25.   O denário (em latim: *denarius*) era uma pequena moeda romana de prata que foi primeiramente cunhada em 211 AEC, durante a Segunda Guerra Púnica. Sob Augusto, seu peso era de 3,9 gramas. Equivalia ao ganho diário de um trabalhador não qualificado. Foi a moeda mais comum em circulação até ser substituída pelo denário duplo (Antoninianus) em 3 EC.

26.   *Aidemona* (cf. nota abaixo).

27.   Quer dizer: quem deseja ou evita coisas que não estão sob seu encargo acaba por prender-se a elas, sendo por elas impelido ou repelido. Em ambos os casos, é orientado pela coisa externa. *Metarripizesthai* (que traduzimos por

"vagar") significa aí, literalmente, "ser soprado para lá e para cá".

28. *Aidemon*: "digno", "decente", "que tem autorrespeito", "que tem decoro". Cf. *Diatribes*, 1.25.4; 1.3.4; 1.16.7; 2.1.11; 2.2.4; 2.8.23; 2.10.15/18; 2.20.32; 2.22.20/30; 3.7.27; 3.17.5; 3.18.6; 3.22.15; 4.1.106; 4.2.8; 4.3.1-2/7--9; 4.4.6; 4.5.21-2; 4.8.33; 4.9.6/9/11; 4.12.6; 4.13.19-20; *Manual*, 33.15, 40; fragmento 14. Para *aidemon* em conjunção com *pistos*, cf. *Diatribes*, 1.4.18-20; 1.25.4; 1.28.20-1/23; 2.4.2; 2.8.23; 2.10.22-3/29; 2.22.20/30; 3.3.9-10; 3.7.36; 3.13.3; 3.14.13; 3.17.3; 3.23.18; 4.1.161; 4.3.7; 4.9.17; 4.13.13/15; *Manual*, 24.12; 16; 23; 26; 40.6. A concepção tradicional estoica, segundo nos informa Diógenes Laércio (7.126), caracteriza o virtuoso como *andreios* (corajoso, viril), *sophron* (temperante), *phronimos* (prudente) e *dikaios* (justo). Epicteto se distingue (junto com Marco Aurélio, 2.6; 3.6) por enfatizar outros aspectos da virtude e caracterizar o virtuoso como *eleutheros* (livre), *aidemon* (digno) e *pistos* (leal, confiável) e, menos frequentemente, *gennaios* (nobre), *atarachos* (imperturbável), *eustathes* (equilibrado) e *megalophron* (que tem sentimentos elevados, que tem a alma grande). O *aidemon* é aquele que tem seu sentimento de vergonha e autorrespeito intacto. Isso, para Epicteto, "é uma capacidade natural e distintamente humana de autoavaliação, manifesta em atitudes como vergonha e respeito por si mesmo" (Kamtekar, 1998, p. 136).

29. *Ta proegoumena*: as principais doutrinas filosóficas (cf. Schweighäuser, 1798 [3], p. 429).

30. *Koneion: conium maculatum* (cicuta).

31. Cf. Platão, *Críton*, 43d; Epicteto, *Manual*, 53.

32. Rei de Troia durante a célebre guerra. Sua lamentação seria por causa da visão de Troia destruída e em chamas.

33. Personagem trágico que matou o próprio pai e se casou com a própria mãe, ignorando quem verdadeiramente eram. Sua lamentação ocorreria no momento da descoberta do que fizera.

34. "Sofrimento" é nossa tradução para *pathos*. O termo é muitas vezes vertido por "paixão" ou "emoção", e, como

NOTAS
121

os estoicos declaram muitas vezes que o filósofo ideal é livre de *pathos*, conclui-se erroneamente que tal sábio ideal é desprovido de emoções ou sentimentos. O erro aí está em não compreender o sentido preciso de *pathos* para os estoicos, que é paixão no sentido de sofrimento mental e moral. Tanto é o caso que, para os estoicos, o sábio ideal possui *eupatheia*, termo comumente traduzido como "presença de bons sentimentos", mas cuja solução melhor seria "presença de emoções boas e jubilosas". Assim, temos, por um lado, *pathos* (emoção ruim ou sofrimento), cuja presença caracteriza o estado patológico do que não filosofa, e, por outro, podemos dizer, *eupatheia* (emoção boa ou jubilosa), cuja presença caracteriza a *eupatheia*, bem como a *apatheia* (ausência de sofrimento na mente).

35. *Tethaumakoton*: particípio perfeito de *thaumazo* (espantar-se, admirar-se).

36. O texto do códice apresenta aqui uma lacuna, que preenchemos com a palavra "conformes", lendo *akoloutha*, com Oldfather (que diz seguir Schenkl, mas Schenkl sugere *akoloutha* e *alethe* no aparato crítico, sem se decidir por uma delas). George Long, por sua vez, traduz como se lesse *alethe* (Luís Márcio Fontes).

37 De acordo com a mitologia grega, Triptólemo recebeu de Deméter, em Elêusis, o primeiro grão de trigo, com o qual iniciou a agricultura. Como "pai da agricultura", os gregos lhe ergueram templos.

38. Cf. Platão, *Críton*, 48b.

Referências

EDIÇÕES, TRADUÇÕES E COMENTÁRIOS

AÉLIO ESPARTANO. *Historia Augusta*. v. 1. Trad. de D. Magie. Cambridge: Harvard University Press, 1921.

AGOSTINHO. *City of God*. Trad. de Henry Bettenson. Londres: Penguin Classics, 2003. [Ed. bras.: *A cidade de Deus*. 2 v. Trad. de Oscar Paes Leme. Petrópolis: Vozes, 2013.]

ALEXANDRE DE AFRODÍSIAS. *On Fate*. Trad. de R. W. Sharples. Londres: Duckworth Publishers, 2007.

_____. *On Aristotle Prior Analytics*. v. 1, 2, 3. Trad. de Ian Mueller. Nova York: Bloomsbury Academic, 2014.

AMBRÓSIO. "De bono mortis". *Patrologia Graeca*, 14.0539B — 0568A.

ARISTÓTELES. *Nicomachean Ethics*. Trad. de H. Rackham. Cambridge: Harvard University Press, 1926a. [Ed. bras.: *Ética a Nicômaco*. Trad. de Vinícius Chichurra. Petrópolis: Vozes, 2024.]

_____. *Art of Rhetoric*. Trad. de J. H. Freese. Cambridge: Harvard University Press, 1926b. [Ed. bras.: *Retórica*. Trad. de Edson Bini. São Paulo: Edipro, 2017.]

_____. *Posterior Analytics, Topica*. Trad. de Hugh Tredennick e E. S. Forster. Cambridge: Harvard University Press, 1930.

_____. *Politics*. Trad. de H. Rackham. Cambridge: Harvard University Press, 1932. [Ed. bras.: *Política*. Trad. de Maria Aparecida de Oliveira Silva. São Paulo: Edipro, 2019.]

_____. *Athenian Constitution. Eudemian Ethics. Virtues and*

Vices. Trad. de H. Rackham. Cambridge: Harvard University Press, 1935a.

ARISTÓTELES. *Metaphysics*. Trad. de Hugh Tredennick. Cambridge: Harvard University Press, 1935b. [Ed. bras.: *Metafísica*. Trad. de Edson Bini. São Paulo: Edipro, 2012.]

ARRIANO. *Anabasis of Alexander*. v. 1, 2. Trad. de P. A. Brunt. Cambridge: Harvard University Press, 1976, 1983.

_____. *Periplus Ponti Euxini*. Londres: Bristol, 2003.

_____. *L'Art de la chasse*. Trad. de Louis Allier. Paris: La Roue a Livres, 2009.

AULO GÉLIO. *Noctium Atticarum*. Cambridge: Harvard University Press, 2002. [Ed. bras.: *Noites áticas*. 2. ed. Trad. de José Rodrigues Seabra Filho. Londrina: Eduel, 2010.]

BAILLY, Anatole. *Le Grand Dictionnaire grec/français*. Paris: Hachette, 2000.

BONHÖFFER, Adolf. *Epiktet und die stoa*. Stuttgart: Ferdinand E., 1890.

_____. *The Ethics of the Stoic Epictetus: An English Translation*. Trad. de William O. Stephens. Peter Lang. Pub. Inc., 2000.

CARTER, Elizabeth. *All the Works of Epictetus, Which Are Now Extant, Consisting of his Discourses, Preserved by Arrian, in Four Books, the Enchiridion and Fragments*. Londres: 1758.

CÍCERO, Marco Túlio. *On Duties*. Trad. de W. Miller. Cambridge: Harvard University Press, 1913. [Ed. bras.: *Dos deveres*. Trad. de João Mendes Neto. São Paulo: Edipro, 2019.]

_____. *De Finibus. Bonorum Et Malorum*. Trad. de H. Rackham. Cambridge: Harvard University Press, 1914.

_____. *Tusculan Disputations*. Trad. de J. E. King. Cambridge: Harvard University Press, 1927. [Ed. bras.: *Discussões tusculanas*. Trad. de Bruno Fregni Bassetto. Uberlândia: Edufu, 2014. Ebook.]

_____. *Topica*. Trad. de Hugh Tredennick e E. S. Forster. Cambridge: Harvard University Press, 1930. [Ed. bras: *Tópicos: Os lugares do argumento*. Trad. de Gilson Charles dos Santos. Campinas: Pontes, 2019.]

_____. *On the Nature of the Gods. Academics*. Trad. de H. Rackham. Cambridge: Harvard University Press, 1933.

_____. *On the Orator. On Fate. Stoic Paradoxes. Divisions of*

REFERÊNCIAS   125

Oratory. Trad. de H. Rackham. Cambridge: Harvard University Press, 1942.

CÍCERO, Marco Túlio. *Philippics*. Trad. de W. C. A. Ker. Cambridge: Harvard University Press, 1969.

_____. *Letters to Friends*, v. 1: *Letters 1-113*. Trad. de B. Shackleton. Cambridge: Harvard University Press, 2001.

COSMAS OF JERUSALEM. "Canons". *Patrologia Graeca*, 98, 459--524.

DIÃO CÁSSIO. *Roman History*. Trad. de Earnest Cary e Herbert B. Foster. Cambridge: Harvard University Press, 1914--27.

DINUCCI, Aldo. "Fragmentos menores de Caio Musônio Rufo; Gaius Musonius Rufus Fragmenta Minora". *Trans/Form/Ação*, Marília, v. 35, n. 3, 2012.

DINUCCI, Aldo; JULIEN, Alfredo. *Epicteto: Testemunhos e fragmentos*. São Cristóvão: Ediufs, 2009.

_____. *O Encheiridion de Epicteto*. Coimbra: Imprensa de Coimbra, 2014.

DIÓGENES DE OINOANDA. *Supplement to Diogenes of Oinoanda: The Epicurean Inscription*. Trad. de Martin Ferguson Smith. Nápoles: Bibliopolis, 2003.

DIÓGENES LAÉRCIO. *Lives of Eminent Philosophers*. v. I, II. Trad. de R. D. Hicks. Cambridge: Harvard University Press, 1925. [Ed. bras.: *Vidas e doutrinas dos filósofos ilustres*. Barueri: Camelot, 2025.]

EPICTETO. *The Discourses of Epictetus as Reported by Arrian. Fragments. Encheiridion*. Trad. de W. A. Oldfather. Cambridge: Harvard University Press, 1928.

_____. *Entretiens*. Livre I. Trad. de Joseph Souilhé. Paris: Les Belles Lettres, 1956.

_____. *Epictetus Discourses*. Book I. Trad. de Robert F. Dobbin. Oxford: Clarendon, 2008a.

_____. *Testemunhos e fragmentos*. Trad. de Aldo Dinucci e Alfredo Julien. São Cristóvão: Ediufs, 2008b.

_____. *O Encheiridion de Epicteto*. Ed. bilíngue. Trad. de Aldo Dinucci e Alfredo Julien. São Cristóvão: Ediufs, 2012.

ESTRABÃO. *Geography*. v. 1, 2, 3, 4, 5, 6, 7, 8. Trad. de J. H. Leonard. Cambridge: Harvard University Press, 1917-32.

EURÍPIDES. *Cyclops. Alcestis. Medea*. Trad. de David Kovacs.

Cambridge: Harvard University Press, 1995. [Ed. bras.: *O ciclope. Alceste. Medeia.* Trad. de Jaa Torrano. São Paulo: Editora 34, 2022.]

EUSÉBIO DE CESAREIA. "Preparação para o evangelho". In: HOLMES, Michael W. *The Apostolic Fathers: Greek Texts and English Translations.* Ada: Baker Academic, 2007.

FILÓSTRATO. *Apollonius of Tyana.* v. I, II, III. Trad. de Christopher P. Jones. Cambridge: Harvard University Press, 2005--6. [Ed. bras.: *A vida de Apolônio de Tiana.* Joinville: Clube de Autores, 2023.]

FÓCIO. *Bibliotheca.* Ed. August Immanuel Bekker. Berlim: Typis et Impensis ge Reimeri, 1824.

FRONTO. *Correspondence.* 2 v. Trad. de C. R. Haines. Cambridge: Harvard University Press, 1919-20.

FUENTES GONZÁLEZ, Pedro Pablo. "Épictète". In: GOULET, R.; BOUDON-MILLOT, Véronique (orgs.). *Dictionnaire des philosophes antiques.* t. III. Paris: CNRS, 2000.

GALENO. *Exhortation à l'étude de la médecine.* Trad. de Véronique Boudon-Millot. Paris: Les Belles Lettres, 2002.

_____. *Medicine.* v. I, II, III. Trad. de Ian Johnston e G. H. R. Horsley. Cambridge: Harvard University Press, 2011.

GREGÓRIO DE NAZIANZO. "Oratio I contra Iulianum, Epistules, ad Philagrium". *Patrologia Graeca,* 35-37.

HADOT, Ilsetraut. *Simplicius. Commentaire sur le Manuel d'Épictète, Introduction et édition critique du texte grec.* Leiden: Brill, 1996.

HENSE, Otto. *Musonii Rufi Reliquiae.* Leipzig: Teubner, 1905.

HOMERO. *Odissey.* v. I, II. Trad. de A. T. Murray. Cambridge: Harvard University Press, 1995.

_____. *Odisseia.* Trad. de Carlos Alberto Nunes. São Paulo: Ediouro, 2009.

HORÁCIO. *Satires, Epistles, Ars Poetica.* Trad. de H. Rushton Fairclough. Cambridge: Harvard University Press, 1926.

JOÃO CRISÓSTOMO. "Hom. 13". *Patrologia Graeca,* 60.111.30.

LACTÂNCIO. "De falsa religione. Textkritisches zum I. Buch der Diuinae Institutiones". In: LEHMANN, Y. (org.). *Antiquité tardive et humanisme: de Tertullien à Beatus Rhenanus. Mélanges offerts à François heim à l'occasion de son 70ᵉ anniversaire.* Turnhout: Brepols, 2005.

REFERÊNCIAS   127

LONG, A. A.; SEDLEY, D. N. *The Hellenistic Philosophers*. v. 1, 2. Cambridge: Cambridge University Press, 1987.

LONG, George. *The Discourses of Epictetus, with Encheiridion and Fragments*. Londres: George Bell and Sons, 1890.

LUCIANO. *Volume III*. Trad. de A. M. Harmon. Cambridge: Harvard University Press, 1921.

LUCRÉCIO. *De rerum Natura, 5.13-19*. Trad. de W. H. D. Rouse. Cambridge: Harvard University Press, 1924. [Ed. bras.: *Sobre a natureza das coisas*. Trad. de Rodrigo Tadeu Gonçalves. Belo Horizonte: Autêntica, 2021.]

MACRÓBIO. *Saturnálias*. v. I, II, III. Trad. de Robert A. Kaster. Cambridge: Harvard University Press, 2011.

MARCO AURÉLIO ANTONINO. *Marcus Aurelius*. Trad. de C. R. Haines. Cambridge: Harvard University Press, 1916.

MARCO VALÉRIO MARCIAL. *Epigrams*. v. I, II, III, IV, V. Trad. de D. R. Shackleton Bailey. Cambridge: Harvard University Press,1993.

NONNUS. *Patrologia Graeca*, 36.933.

ORÍGENES. "Contra Celsum". *Patrologia Graeca*, 11-17, 3.368.

OVÍDIO. *Tristitia*. Trad. de D. Ruprecht. Gottingen: Vandenhoeck and Ruprecht, 1959. [Ed. bras.: *Tristezas*. Trad. de Pedro Schmidt. Araçoiaba da Serra: Mnema, 2023.]

PAUSÂNIAS. *Guide do Greece*. v. 1. Trad. de Peter Levi. Londres: Penguin, 1984a.

_____. *Guide do Greece*. v. 2. Trad. de Peter Levi. Londres: Penguin, 1984b.

PEPPAS-DELMOUSOU, Dina. "Basis andriantos tou Arrianou". *Athens Annals of Archeology*, v. 3, pp. 377-80, 1970.

PLATÃO. *Euthyphro. Apology. Crito. Phaedo. Phaedrus. Crito*. Trad. de H. N. Fowler. Cambridge: Harvard University Press, 1914.

_____. *Laches. Protagoras. Meno. Euthydemus*. Trad. de W. R. M. Lamb. Cambridge: Harvard University Press, 1924a.

_____. *Laches, Protagoras, Meno, Euthydemus*. Trad. de W. R. M. Lamb. Cambridge: Harvard University Press, 1924b.

_____. *Lysis. Symposium. Gorgias*. Trad. de W. R. M. Lamb. Cambridge: Harvard University Press, 1925.

PLATÃO. *Charmides. Alcibiades I and II. Hipparchus. The Lovers. Theages. Minos. Epinomis.* Trad. de W. R. M. Lamb. Cambridge: Harvard University Press, 1927.

_____. *Timaeus. Critias. Cleitophon. Menexenus. Epistles.* Trad. de R. G. Bury. Cambridge: Harvard University Press, 1929.

_____. *Republic.* v. I, II. Trad. de P. Shorey. Cambridge: Harvard University Press, 1930-5. [Ed. bras.: *A república.* 3. ed. Trad. de Edson Bini. São Paulo: Edipro, 2019.]

_____. *Laws.* v. 1, 2. Trad. de R. G. Bury. Cambridge: Harvard University Press, 1988a.

_____. *Theaetetus. Sophist.* Trad. de Harold North Fowler. Cambridge: Harvard University Press, 1988b.

PLÍNIO, O JOVEM. *Letters.* v. I, II. Trad. de Betty Radice. Cambridge: Harvard University Press, 1969.

PLUTARCO. *Moralia,* v. XIV: *That Epicurus Actually Makes a Pleasant Life Impossible. Reply to Colotes in Defence of the Other Philosophers. Is "Live Unknown" a Wise Precept? On Music.* Trad. de Benedict Einarson e Phillip H. De Lacy. Cambridge: Harvard University Press, 1967.

_____. *Moralia,* v. XIII, Part 2: *Stoic Essays.* Trad. de Harold Cherniss. Cambridge: Harvard University Press, 1976.

SANDBACH, Francis Henry. "Phantasia kataleptike". In: LONG, A. A. *Problems in Stoicism.* Londres: Athlone Press, 1971.

SCHENKL, Heinrich. *Epicteti Dissertationes ab Arriano digestae. Epictetus.* Leipzig: Teubner, 1916.

SCHWEIGHÄUSER, Johann. *Epicteteae Philosophiae Monumenta.* 5 v. Leipzig: Teubner, 1799-1800.

SÊNECA. *Epistles 1-66.* Trad. de R. M. Gummere. Cambridge: Harvard University Press, 2001a.

_____. *Epistles 66-92.* Trad. de R. M. Gummere. Cambridge: Harvard University Press, 2001b.

_____. *Moral Essays.* v. II. Trad. de J. W. Basore. Cambridge: Harvard University Press, 2001c.

_____. *Moral Essays.* v. III. Trad. de J. W. Basore. Cambridge: Harvard University Press, 2001d.

SEXTO EMPÍRICO. *Outlines of Pyrrhonism.* Trad. de R. G. Bury. Cambridge: Harvard University Press, 1933.

_____. *Against the Logicians.* Trad. de R. G. Bury. Cambridge: Harvard University Press, 1935.

REFERÊNCIAS   129

SEXTO EMPÍRICO. *Against the Professors*. Trad. de R. G. Bury. Cambridge: Harvard University Press, 1949.

SIMPLÍCIO. *Simplicius on Epictetus': Handbook 1-26*. Trad. de Charles Brittain. Ithaca: Cornell University Press, 2002a.

_____. *Simplicius on Epictetus': Handbook 27-53*. Trad. de Charles Brittain. Ithaca: Cornell University Press, 2002b.

_____. "Proêmio do Comentário ao Encheiridion de Epicteto, 1.5 ss". Trad. de Aldo Dinucci. *Prometeus*, v. 7, n. 15, 2014.

SPANNEUT, Michel. "Epiktet". In: DERVILLE, André; RAYEZ, André; SOLIGNAC, Aimé (orgs.). *Dictionnaire de Spiritualité ascétique et mystique*. t. 4. Paris: Beauchesne, 2009-11.

SUETÔNIO. *Lifes of the Caesars*. v. I, II. Trad. de J. C. Rolfe. Cambridge: Harvard University Press, 1914.

TÁCITO. *Agricola. Germania. Dialogue on Oratory*. Trad. de M. Hutton e W. Peterson. Cambridge: Harvard University Press, 1914.

_____. *Annals*. Trad. de John Jackson. Cambridge: Harvard University Press, 1937. [Ed. bras.: *Anais*. Trad. de Leopoldo Pereira. Rio de Janeiro: Ediouro, 1964.]

TEMÍSTIO. *Orations 6-8. Letters to Themistius, to the Senate and People of Athens, to a Priest. The Caesars. Misopogon*. Trad. de C. Wilmer. Cambridge: Harvard University Press, 1913.

TRINCAVELLI. *Arriani Epictetus Graeche*. Veneza: 1535.

UPTON, John. *Epicteti quae supersunt Dissertationes ab Arriano Collectae*. 2 v. Londres: 1739-41.

VON ARNIM, Hans. *Stoicorum Veterum Fragmenta*, v. 1: *Zeno or Zenonis Discipuli*. Berlim: De Gruyter, 2005a.

_____. *Stoicorum Veterum Fragmenta*, v. 2: *Chrysippi Fragmenta Logica et Physica*. Berlim: De Gruyter, 2005b.

_____. *Stoicorum Veterum Fragmenta*, v. 3: *Chrysippi fragmenta moralia. Fragmenta Successorum Chrysippi*. Berlim: De Gruyter, 2005c.

WOLF, Hieronymus. *Arriani Commentariorum de Epicteti Disputationibus*. Basileia: 1560-3.

XENOFONTE. *Memorabilia. Oeconomicus. Symposium. Apology*. Trad. de E. C. Marchant e O. J. Todd. Cambridge: Harvard University Press, 1923.

ESTUDOS

ASMUS, Rudolf. "Quaestiones Epicteteae". In: *Friburgi Brisigavorum*. Tübingen: J. C. B. Mohr, 1888. pp. 31-4.

ATHERTON, Catherine. *The Stoics on Ambiguity*. Cambridge: Cambridge University Press, 1993.

AUNE, David E. *The Westminster Dictionary of New and Early Christian Literature and Rhetoric*. Louisville: Westminster, 2003.

BARNES, Jonathan. *Logic and the Imperial Stoa*. Leiden: Brill, 1997.

BONHÖFFER, Adolf. *Epiktet und die stoa*. Stuttgart: Ferdinand E., 1890.

_____. *The Ethics of the Stoic Epictetus: An English Translation*. Trad. de William O. Stephens. Berlim: Peter Lang Publishing, 2000.

BOSWORTH, A. B. "Arrian and the Alani". *Harvard Studies in Classical Philology*, v. 81, pp. 217-55, 1977.

CHOTARD, Henry. *Le Périple de la mer Noire par Arrian*. Paris: Durand, 1860.

COLARDEAU, Théodore. *Étude sur Épictète*. Paris: Fontemoing, 1903.

DINUCCI, Aldo. "O conceito estoico de phantasia: De Zenão a Crisipo". *Archai*, v. 21, pp. 15-38, 2017.

DUDLEY, Donald R. *A History of Cynicism*. Chicago: Ares, 1980.

FOLLET, S. "Arrien". In: GOULET, Richard (org.). *Dictionnaire des philosophes antiques*. Paris: CNRS, 1994.

FRANCIS, James A. *Subversive Virtue: Asceticism and Authority in the Second-Century Pagan World*. University Park: Pennsylvania State University Press, 1995.

FRONTO. *Correspondence*. 2 v. Trad. de C. R. Heines. Cambridge: Harvard University Press, 1919-20.

FUENTES GONZÁLEZ, Pedro Pablo. "Épictète". In: GOULET, R.; BOUDON-MILLOT, Véronique (orgs.). *Dictionnaire des philosophes antiques*. t. III. Paris: CNRS, 2000.

GERMAIN, Gabriel. "Épictète et la spiritualité stoïcienne". *Revue des Études Grecques*, v. 78, n. 369, pp. 435-6, 1965.

HARTMANN, Karl. "Arrian Und Epiktet". *Neue Jahrbücher für das klassische altertum*, n. xv, pp. 257-75, 1905.

REFERÊNCIAS

HASSE, Wolfgang; TEMPORINI, Hildegard. *Aufstieg und Niedergang der römischen Welt: Geschichte und Kultur Roms im Spiegel der neueren Forschung.* v. 2. Amsterdam: Walter de Gruyter, 1990.

HIJMANS, B. L. *Askesis: Notes on Epictetus' Educational System.* Assen: Van Gorcum, 1959.

INWOOD, Brad; GERSON, L. P. *Hellenistic Philosophy: Introductory Readings.* Indianapolis: Hackett Publishing Co., 1988.

KAIBEL, G. "Inschriften aus Pisidien". *Hermes*, v. 23, n. 4, pp. 532-45, 1888.

KAMTEKAR, Rachana. "Aidws in Epictetus". *Classical Philology*, v. 93, n. 2, pp. 136-60, 1998.

LAURENTI, Renato. "Musonio, maestro di Epitteto". In: HAASE, Wolfgang (org.). *Philosophie, Wissenschaften, Technik: Philosophie.* Berlim: De Gruyter, 1989. pp. 2105-46.

LONG, A. "Notes on Hierocles Stoicus apud Stobaeum". In: FUNGHI, M. S. (org.). *Le vie della ricerca: Studi in honore di Francesco Adorno.* Florença: Olschki, 1996a. pp. 299-309.

_____. "Dialectic and the Stoic Sage". In: *Stoic Studies.* Cambridge: Cambridge: 1996b. pp. 85-106.

_____. "Representation and the Self in Stoicism". In: EVERSON, Stephen (org.). *Companions to Ancient Thought 2: Psychology.* Cambridge: Cambridge, 1996c. pp. 264-85.

MAFFEI, S. *Verona Illustrata: Parte Terza.* Verona, 1732, colunas 241-4.

MARTHA, Constant. *Les Moralistes sous l'empire romain.* Paris: Hachette, 1865.

MILLAR, Fergus. "Epictetus and the Imperial Court". *The Journal of Roman Studies*, v. 55, v. 1-2, Parts 1-2, pp. 141-8, 1965.

MOWAT, J. L. G. "A Lacuna in Arrian". *The Journal of Philology*, v. 7, pp. 60-3, 1877.

OLTRAMARE, André. *Les Origines de la diatribe romaine.* Lausanne: Payot, 1926.

PEPPAS-DELMOUSOU, Dina. "Basis andriantos tou Arrianou". *Athens Annals of Archeology*, v. 3, pp. 377-80, 1970.

SELLARS, John. "Epictetus, Dissertationes 1.18.10". *The Classical Quarterly*, v. 66, n. 1, pp. 410-3, 2016.

SORABJI, Richard. "Perceptual Content in the Stoics". *Phronesis*, v. XXXV/3, pp. 307-14, 1990.

SPANNEUT, Michel. "Epiktet". In: DERVILLE, André; RAYEZ, André; SOLIGNAC, Aimé (orgs.). *Dictionnaire de Spiritualité ascétique et mystique*. t. 4. Derville (ed.). Paris: Beauchesne, 2009-11.

STADTER, Philip A. *Arrian of Nicomedia*. Chapel Hill: University of North Carolina Press, 1980.

STELLWAG, Helena Wilhelmina Frederika. *Het Eerste Boek der Diatriben*. Amsterdam: H. J. Paris, 1933.

YOURCENAR, Marguerite. *Memoirs of Hadrian*. Nova York: Farrar, Straus and Giroux, 1954. [Ed. bras.: *Memórias de Adriano*. Trad. de Martha Calderaro. Rio de Janeiro: Nova Fronteira, 2023.]

Os fragmentos

Introdução aos fragmentos

ALDO DINUCCI

Os fragmentos de Epicteto foram reunidos pela primeira vez na edição de Jacobus Scheggius do *Manual de Epicteto*, de 1554. Esses fragmentos têm por fonte principal Estobeu, que conservou diversas sentenças atribuídas a Epicteto em suas *Éclogas* (*Eclogae*), riquíssima coleção de citações de filósofos da Antiguidade tematicamente organizada contendo fragmentos de inúmeras obras que se perderam. Quase nada se sabe sobre Estobeu, a não ser que viveu por volta do século VI. Suas *Éclogas* se dividem em quatro livros e foram compostas para uso de seu filho Sétimo. Os dois primeiros livros dessa obra consistem em extratos sobre as concepções dos antigos poetas e escritores a respeito da física, da dialética e da ética. O *Florilegium* de sentenças de Estobeu é, na verdade, uma junção do terceiro e do quarto livros que originalmente compunham as *Éclogas*, e trata de temas morais, políticos, econômicos e máximas de sabedoria prática.

As sentenças aí encontradas atribuídas a Epicteto foram publicadas por Scheggius como sendo fragmentos dos quatro livros perdidos das *Diatribes* de Epicteto. Wolf adicionou tais fragmentos à sua edição de 1560 do *Manual*, de Epicteto (tomo II, pp. 307 ss.). As sentenças recebem aí títulos conforme o seu conteúdo. Os fragmentos reapareceram na edição de 1683 da obra de Epicteto feita por Blancard sob essa mesma forma concebida por Wolf.

Na edição de Meibomius, aos fragmentos são acrescidos aqueles presentes no *Florilegium* de Antônio Melissa e na obra homônima de Máximo Planudes.

Em 1741, os fragmentos são publicados por Upton, na forma apresentada por Meibomius. Do 137 em diante, os fragmentos são dispostos em seção intitulada *Quae sequuntur, partim Epicteto partim aliis attribuntur* (Os que seguem são atribuídos por alguns a Epicteto, por outros, a diferentes autores).

A edição seguinte dos fragmentos é aquela de Schweighauser, de 1800, que temos diante dos olhos. Eles são aí editados no volume III, que tem como título *Epicteti Manuale ex Recensione et Interpretatione Joannis Vptoni* (O Manual de Epicteto pela recensão e interpretação de John Upton), e apresentados em edição bilíngue (greco-latina) da página 63 à 122. No intervalo entre as páginas 123 e 135, há uma antologia de elogios a Epicteto feitos por grandes nomes da Antiguidade, tais como Herodes Ático, Aulo Gélio, Marco Aurélio, Luciano, Orígenes, Hélio Espartano, Temístio, Gregório Nazianzeno, Macróbio, Agostinho, Damáscio, Simplício, além de epigramas anônimos e de um elogio igualmente anônimo a Epicteto que aparece em Suidas.

Os fragmentos recebem comentários da página 175 a 216 da mesma obra, dos quais nos servimos na presente edição e que evidenciam o grau extremo de conhecimento de Schweighauser sobre a obra de Epicteto. Essa edição, que estabeleceu pela primeira vez o corpus epictetianum, enumera 181 fragmentos. Muita discussão houve, porém, quanto à autenticidade desses fragmentos, e, depois de detalhados estudos de Schenkl, Asmus e Elter, boa parte deles foi descartada. Hoje, o número de fragmentos considerados epictetianos é de 39, dos quais sete são de autoria duvidosa.

Na presente edição, decidimos impor uma nova organização aos fragmentos, dividindo-os do seguinte modo:

INTRODUÇÃO   137

(A) fragmentos de Musônio Rufo e Epicteto, (B) fragmentos das *Diatribes*, das *Memoráveis* de Epicteto e de outros escritos de Arriano, (C) fragmentos de Epicteto citando Agripino, (D) fragmentos de Epicteto em Marco Aurélio Antonino, (E) fragmentos de Epicteto em Aulo Gélio e Arnóbio e (F) fragmentos de autoria duvidosa ou espúrios.

Os fragmentos são apresentados primeiramente pelo número referente à edição de Schweighauser; a seguir, pelo seu número na presente edição; depois, temos a referência ou a obra das quais se extraiu o fragmento e, por fim, o título que ele recebera aí. Seguimos, em nossa tradução, a edição de Schenkl de 1916.

Os fragmentos

Tradução de
ALDO DINUCCI
ALFREDO JULIEN

Fragmentos de Musônio Rufo
e Epicteto

1. Estobeu, II. 8, 30. Musonius, frag. 38 (H)[1]

De Rufo: a partir dos ditos de Epicteto sobre a amizade

Das coisas existentes, umas Deus pôs sob o nosso encargo, outras, não. Sob o nosso encargo está a mais bela e virtuosa, aquela pela qual ele próprio também é feliz: o uso das representações, pois que, dando-se corretamente, é liberdade, serenidade, confiança; como também justiça, lei, prudência e a virtude por inteiro. Todas as outras coisas não foram feitas sob o nosso encargo. Então, não seria também necessário nos colocarmos de acordo com Deus e, assim distinguindo as coisas, nos esforçarmos de todos os modos pelas que estão sob o nosso encargo, e as que não estão, confiar ao cosmos, cedendo-as alegremente, mesmo se [ele] requisitasse os filhos, a pátria, o corpo, ou o que for?

2. Estobeu, *Florilegium* III. 19, 13. Musonius, frg. 39 (H)[2]

De Rufo: a partir dos ditos de Epicteto sobre a amizade

Quem de nós não se admira com [a atitude] do lacedemônio Licurgo.[3] Privado de um dos olhos por um dos cidadãos e tendo recebido do povo o jovem [agressor] para que se vingasse como quisesse, disso se absteve. Mas, tendo-o educado e declarado homem bom, levou-o ao seu lado ao teatro. Os lacedemônios se espantaram. Per-

142 EPICTETO

cebendo isso, [Licurgo] lhes disse: "Ao lado de vós, ele era desmedido e violento, devolvo-o para vós comedido e com espírito público".

69   3. Estobeu, *Florilegium* III. 20, 60. Musonius, frag. 40 (H)[4]

De Rufo: a partir dos ditos de Epicteto sobre a amizade
Mas, de todas, esta é a maior obra da natureza: unir e harmonizar o impulso à impressão do que é conveniente e útil.

70   4. Estobeu, *Florilegium* III. 20, 61. Musonius, frag. 41 (H)[5]

Do mesmo
Pensar que seremos desprezíveis para os outros se não lesarmos de todos os modos nossos principais inimigos é [coisa] de humanos vis e ignorantes. É dito que o [humano] desprezível é reconhecido pela sua incapacidade de lesar, mas é muito melhor reconhecê-lo pela sua incapacidade de ser útil.

134   5. Estobeu, *Florilegium* IV. 44, 60. Musonius, frag. 42 (H)

De Rufo: a partir dos ditos de Epicteto sobre a amizade
Porque assim é, era e será a natureza do cosmos, e não é possível que os acontecimentos venham a ser de outro modo do que como são agora. Desse ciclo e metabolismo, não somente os humanos e os outros seres vivos sobre a terra tomam parte, mas também [as coisas] divinas. E, por Zeus, mesmo os quatro elementos se dirigem para cima e para baixo, metabolizando-se! A terra se torna água; a água, ar, que, de volta, se metaboliza em éter. Essas mesmas transformações [também se dão] de cima para baixo. [Assim,] se alguém direcionar o pensamen-

OS FRAGMENTOS 143

to para essas coisas e, espontaneamente, se persuadir a acolher as coisas necessárias passará a vida com muita moderação e harmonia.

Fragmentos das *Diatribes*,
das *Memoráveis* de Epicteto e de outros
escritos de Arriano

6. Estobeu, Eclogae, II. 1, 31:[1]

De Arriano, discípulo de Epicteto, para os que se ocupam das substâncias

— O que me importa se as coisas existentes são formadas de átomos ou de indivisíveis, ou de fogo ou terra? Ora, não nos basta aprender a essência do bem e do mal e as medidas dos desejos e das recusas, como também dos impulsos e dos refreamentos e, tomando-as como regra, administrar as coisas da vida e dar adeus às coisas que estão além de nós, visto que são inapreensíveis ao conhecimento humano? Mesmo se alguém, de forma resoluta, as considerasse compreensíveis, e daí? Qual seria, precisamente, a utilidade de compreendê-las? Não é preciso dizer que têm problemas em vão os que assinalam essas coisas como necessárias aos discursos dos filósofos?

— Então não seria também supérfluo o preceito de Delfos: "Conhece-te a ti mesmo"?

— Isso, absolutamente não.

— Então qual seria o seu valor?

— Se alguém prescrevesse a um coreuta o conhecer a si mesmo, ele não seguiria a ordem se alinhando aos demais coreutas e à harmonia do canto? E o marinheiro? E o soldado? Qual das duas coisas te parece: o ser humano foi feito [para viver] para si mesmo ou para a comunidade?

— Para a comunidade!

OS FRAGMENTOS   145

— Pela ação de quem?

— Pela ação da natureza.

— [Agora,] o que ela é e como administra todas as coisas, e se é um ser ou não, dessas coisas não é necessário se ocupar.

135   7. Estobeu, *Florilegium* IV. 44, 65[2]
De Arriano, discípulo de Epicteto
Aquele que está descontente com o presente e com o que recebeu da fortuna é um humano comum. Mas aquele que suporta as coisas com nobreza e faz bom uso do que advém delas é digno de ser considerado um humano bom.

136   8. Estobeu, *Florilegium* IV. 44, 66
Do mesmo
Todas as coisas obedecem e servem ao cosmos: a terra, o mar, o sol, os demais astros, as plantas e os animais da terra. Obedece a ele também o nosso corpo, tanto na doença quanto na saúde. Quando o cosmos deseja, tanto a juventude quanto a velhice e as demais transformações ocorrem. Não seria razoável também que o que está sob o nosso encargo, isto é, o juízo, não se opusesse sozinho a ele, pois [o cosmos] é poderoso, mais forte e melhor do que nós? Ele delibera, administrando-nos em conjunto com todas as outras coisas. Além disso, a resistência é irracional, nada fazendo senão aspirar em vão, cair em dores e criar sofrimentos.

174   9. Estobeu, *Florilegium* IV. 33, 28
Das homilias protrépticas de Arriano
Mas Sócrates, quando Arquelau[3] ordenou buscá-lo para torná-lo rico, mandou responder-lhe que "Em Atenas, quatro coiniques de cevada[4] são comprados por um óbolo, e

fontes de água fluem". Pois, se não te são suficientes as minhas coisas, eu sou suficiente para elas e, desse modo, elas o são para mim. Não vês que nem com uma voz mais bela e com mais prazer Polo interpretava *Édipo rei* ou *Édipo em Colono* errante e mendicante? Ora, um homem nobre se apresentaria pior do que Polo, na medida em que não interpretasse belamente todo papel atribuído pela divindade? Não imitaria Odisseu, que, em farrapos, não se distinguiu menos do que em espesso manto púrpura?

10. Estobeu, *Florilegium* III. 20, 47[5]
De Arriano
Alguns são animosos com calma e frieza, de tal modo que fazem tranquilamente tudo quanto os que se portam com ânimo violento. Portanto, o erro deles deve ser considerado bem mais grave do que o dos que se irritam energicamente, pois estes logo ficam saciados da vingança, enquanto aqueles a prolongam, como os que têm febre baixa.

11. Estobeu, *Florilegium*, III. 4, 91[6]
De Epicteto
Em um banquete, quando somos convidados, apanhamos o que está posto à nossa frente. E se alguém ordenasse ao anfitrião oferecer-lhe peixe ou torta, pareceria extravagante. No cosmos, pedimos aos Deuses as coisas que não nos deram, e isso entre as muitas que eles efetivamente nos deram.

12. Estobeu, *Florilegium* III. 4, 92[7]
Do mesmo
São engraçados os grandes conhecedores das coisas que não estão sob o nosso encargo, dizia Epicteto. "Eu", di-

OS FRAGMENTOS

zem eles, "sou melhor do que tu, pois tenho muitas terras, e tu és um morto de fome." Outro diz: "Eu sou consular". Outro: "Sou intendente". E outro: "Eu tenho cabelos cacheados". Um cavalo não diz para outro "Sou melhor do que tu, pois tenho muita forragem, muita cevada, meus freios são dourados e minha sela é adornada", mas "Eu sou mais veloz do que tu". Todo ser vivo é melhor ou pior por suas virtudes e vícios. Decerto o ser humano não possui uma virtude só, mas seria necessário voltarmos o olhar para os cabelos, as roupas e seus ilustres ancestrais?

17   13. Estobeu, *Florilegium* III. 4, 93[8]
Do mesmo
Os doentes ficam irritados com o médico que nada lhes aconselha e pensam ter sido abandonados por ele. Por que alguém não agiria desse mesmo modo em relação ao filósofo e igualmente pensasse ter sido abandonado por ele em relação à sabedoria por não lhe dizer mais nada de útil?

18   14. Estobeu, *Florilegium* III. 4, 94
Do mesmo
Os que dispõem de boa condição física suportam o calor e o frio. Assim também os que bem dispõem a alma suportam a raiva, a tristeza, a grande alegria e as outras emoções.

94   15. Estobeu, *Florilegium* IV. 53, 29[9]
De Epicteto
— A natureza é espantosa e, como diz Xenofonte, amiga dos seres vivos. Por exemplo, o corpo, que é a coisa mais desagradável e suja de todas, nós amamos e dele cuidamos. Mas se fosse necessário cuidar do corpo do vizinho por somente cinco dias, nós não o suportaríamos. Vê como é

148 EPICTETO

possível, ao levantar-se de manhã, escovar os dentes de outro e lavar suas partes depois de ter feito uma de suas necessidades. Na verdade, é espantoso amar a coisa à qual tanto servimos todos os dias. Eu encho a minha pança e depois a esvazio, o que há de mais cansativo do que isso? Mas ao deus me é necessário servir,[10] por isso suporto e permaneço lavando, nutrindo e vestindo esse mísero e pequeno corpo. Quando eu era mais novo, outra coisa também me era atribuída e igualmente a suportei. Por que então não suportar quando a natureza que nos dá o corpo, o toma [de volta]?

— [Mas] eu gosto do meu corpo.

— [Mas] não é isso o que acabo de dizer, que a natureza também deu a ti gostares dele? E ela nos diz: "Deixa teu corpo aqui e não te importes mais com nada".

95 16. Estobeu, *Florilegium*, iv. 53, 30
Do mesmo
Quando um jovem está próximo de perder a vida, ele censura os Deuses porque está sendo levado fora da hora. Quando um velho não finda a vida, também censura os Deuses porque, já estando na hora de morrer, tem problemas. Entretanto, quando a morte se aproxima, deseja viver e manda chamar o médico, e lhe roga que não dispense o zelo e o cuidado. "Que humanos espantosos", dizia Epicteto, "que não querem viver nem morrer."

71 17. Estobeu, *Florilegium*, iii. 20, 67[11]
De Epicteto
Caso ataques alguém com inflexibilidade e ameaças, lembra que és civilizado e que, não agindo de modo selvagem, passarás a vida sem arrependimento e sem ter de prestar contas.

OS FRAGMENTOS   149

18. (omitido) Estobeu, *Eclogae* I, 3, 50
Das Memoráveis de Epicteto
— (interlocutor) Mas eu vejo os bons e os virtuosos
perecendo de fome e frio!
— (Epicteto) E tu não vês os que não são bons nem
virtuosos perecendo de luxúria, jactância e baixeza?
— (interlocutor) Mas ser sustentado por outros é ver-
gonhoso!
— (Epicteto) E quem, ó infeliz, se sustenta por si mesmo senão o cosmos? Quem acusa a Providência porque
os iníquos não são punidos, pois são ricos e fortes, age
de modo semelhante àquele que diz, a respeito dos que
perderam os olhos, que eles não foram punidos, pois suas
unhas estariam intactas. Pois eu digo: a virtude difere
muito mais das posses do que os olhos diferem das unhas.

19. Estobeu, *Florilegium* III. 6, 57.
Das Memoráveis de Epicteto
Trazendo à baila os filósofos difíceis, para os quais o
prazer não parece ser segundo a natureza, mas, segundo
a natureza, surge da justiça, da sabedoria e da liberdade,
por que então a alma se acalma com os benefícios do
corpo, que são menores, como dizia Epicuro, e não se
alegra com os próprios benefícios, que são maiores? Na
verdade, a natureza me dotou de vergonha, e frequentemente enrubesço quando me ponho a dizer algo infame.
É essa emoção que não me permite estabelecer o prazer
como o bem e a finalidade da vida.

20. Estobeu, *Florilegium* III. 6, 58[12]
Das *Memoráveis* de Epicteto
Em Roma, as mulheres têm nas mãos a *República* de
Platão, pois este consideraria digno que elas fossem co-
muns [a todos].[13] Ora, elas se prendem às palavras e não

à intenção dele, porque não é exortando o casamento e a habitação conjunta de um homem com uma mulher que ele almeja que elas sejam comuns [a todos],[14] mas suprimindo esse tipo de casamento e propondo outro. Em geral, os humanos se regozijam com as justificativas dos próprios erros. Na verdade, a filosofia nos diz: "Não convém apontar o dedo ao acaso".[15]

21. Estobeu, *Florilegium* III. 29, 84
Das Memoráveis de Epicteto
É preciso saber que não seria fácil um princípio filosófico[16] auxiliar um humano se, a cada dia, ele não falasse e não ouvisse as mesmas coisas, e, ao mesmo tempo, não as praticasse na vida.

Fragmentos de Epicteto
citando Agripino

22. Estobeu, *Florilegium*, III.7, 16
De Epicteto
Por isso é justo louvar Agripino, porque, tendo se tornado homem do mais alto valor, nunca louvou a si próprio e
também enrubescia se alguém o elogiasse. Esse homem era
tal, dizia Epicteto, que, sempre que algo desagradável lhe
sucedia, escrevia um elogio. Se tivesse febre, [escrevia um
elogio] da febre. Se fosse desonrado, da desonra. Se fosse
exilado, do exílio. Uma vez, quando já estava à mesa, alguém se apresentou dizendo que Nero lhe ordenara o exílio.
Então ele disse: "Comeremos em Arícia".[1]

23. (omitido). Estobeu, *Florilegium* IV. 7, 44
De Agripino
Quando governador, Agripino tentava persuadir os condenados por ele de que lhes convinha a condenação: "Nem
como inimigo, nem como ladrão", dizia, "determino a sentença contra eles, mas como curador e guardião. Da mesma
maneira, o médico encoraja e persuade aquele que está sendo operado a colaborar espontaneamente".

Fragmentos de Epicteto
em Marco Aurélio Antonino[1]

176   24. Marco Aurélio, *Meditações* 4, 41
Como dizia Epicteto, tu és uma pequena alma carregando um cadáver.

177   25. Marco Aurélio, *Meditações* 11, 37[2]
[Epicteto] dizia [ser preciso] descobrir a arte relativa ao assentimento e, quanto aos impulsos, vigiá-los com atenção para que se tornem gradualmente moderados, sociais e dignos; abster-se por completo dos desejos e evitar tomar qualquer uma das coisas que não estejam sob o nosso encargo.

178   26. Marco Aurélio, *Meditações* 11, 38
A luta não é por algo banal, mas por enlouquecer ou não.

27. (omitido). Marco Aurélio, *Meditações* 11, 39[3]
Sócrates dizia:
— O que desejais ter: as almas dos racionais ou dos irracionais?
— Dos racionais!
— De quais deles? Dos sãos ou dos viciosos?

— Dos sãos.
— Por que então não as buscais?
— Porque nós as possuímos!
— Por que então brigais e mantendes disputas?

28. (omitido). Marco Aurélio, *Meditações* 4, 49, 2-6[4]
Eu sou um desafortunado porque isso sucedeu a mim? Absolutamente não! Mas, pelo contrário, sou afortunado porque, mesmo isso me tendo sucedido, continuo a viver sem aflição, nem aquebrantado pelo presente, nem temendo o que virá. Tal coisa poderia ter sucedido a qualquer um, mas nem todos depois continuariam a viver sem aflição. Por que então um seria infortúnio, e o outro, boa fortuna? Em geral, a respeito do infortúnio do humano, não dizes que é um fracasso de sua natureza? Mas o insucesso da natureza do humano não parece ser para ti o que não está de acordo com a vontade da natureza dele? Conheces a vontade dela? Então que esse conhecimento não te impeça de ser justo, magnânimo, moderado, sensato, paciente, verdadeiro, reservado e livre. [E nem de apresentar] as demais qualidades com as quais a natureza do humano obtém as coisas apropriadas. Portanto, diante de tudo que te conduz para a aflição, lembra de usar este dogma: que isto não é um infortúnio, mas suportá-lo com nobreza é boa fortuna.

Fragmentos de Epicteto
em Aulo Gélio[1] e Arnóbio

180   29. Aulo Gélio, *Noites áticas*, XIX, 1, 14-21

4, 14   Um celebrado filósofo da doutrina estoica [...] retirou de sua bagagem de mão o quinto livro das *Dialexeis*[2] do filósofo Epicteto, as quais, publicadas por Arriano,
15   concordam indubitavelmente com os escritos de Zenão e Crisipo. Naquele livro, escrito, é claro, em língua grega, lemos a seguinte sentença: As coisas vistas pelo espírito (as quais os filósofos chamam de representações), pelas quais a mente humana é atingida pela primeira imagem do que quer que penetre o espírito, não estão [sujeitas] nem à vontade, nem ao arbítrio, mas apresentam-se por alguma força que lhes é própria, dando-se ao conheci-
16   mento dos humanos. Os assentimentos, porém (os quais os filósofos chamam de *synkatatheseis*), pelos quais as
17   mesmas coisas são reconhecidas, são voluntários e feitos pelo arbítrio humano. Por essa razão, quando algum ruí-do terrível, [proveniente] ou do céu, ou de um desabamento, ou do anúncio de algum perigo de modo repentino e desconhecido, ou de alguma outra coisa dessa maneira se dá, também o espírito do sábio necessariamente é movido, se contrai e empalidece, não pela antecipação de algum mal, mas por certos movimentos rápidos e irrefletidos que
18   suspendem o ofício da mente e da razão. Todavia, em se-guida, esse mesmo sábio não aprova as representações de tal qualidade (*tas toiautas phantasiais*, isto é: essas visões

OS FRAGMENTOS

que atemorizam seu espírito), mas as rejeita e as repele (isto é: *synkatatithetai oude prosepidoxazei*),[3] e não vê nelas o que quer que deva ser temido. E esses filósofos dizem diferir o espírito do sábio e do não sábio no seguinte: que o não sábio verdadeiramente pensa serem tais e quais as primeiras coisas violentas e ásperas vistas pela sensação de seu espírito, como se com razão devessem ser temidas, e também com seu assentimento as aprova *kai prosepidoxazei*,[4] pois os estoicos usam tais palavras quando falam sobre essas coisas; o sábio, porém, quando é movido breve e ligeiramente na cor e no vulto, *ou synkatatithetai*,[5] mas mantém o status e o vigor das opiniões que sempre teve sobre as visões desse tipo, que não devem ser minimamente temidas, mas são aterrorizantes por sua falsa aparência e seu oco espantalho. Essas coisas, o filósofo Epicteto, a partir dos princípios dos estoicos, pensou e disse naquele já mencionado livro que lemos.

179   30. Aulo Gélio, *Noites áticas*, XVII, 19.

Eu ouvi Favorino dizer que o filósofo Epicteto havia dito que muitos destes que são vistos filosofar são filósofos da seguinte maneira: *aneu tou pratein mechri tou legein* (isso significa: "Longe dos atos, limitado às palavras"). Já a seguinte expressão é mais veemente, a que lhe era costume ditar a Arriano nos livros que este compôs sobre os discursos daquele, escrito que nos legou. Com efeito, quando, diz Arriano, [Epicteto] observava um humano que perdera o pudor, persistente na maldade, com os modos corrompidos, audacioso, impudente na fala e cuidando de todas as demais coisas, exceto da alma, quando Epicteto via um humano assim, diz Arriano, tratar tanto dos escritos quanto das disciplinas da filosofia, aprender a física, meditar sobre a dialética e investigar e consultar muitos teoremas desse gênero, Epicteto evocava a Deus e a fé dos humanos, e, geralmente, o reprovava, em meio ao

156 EPICTETO

clamor, com as seguintes palavras: "Humano, onde atiras essas coisas? Verifica antes se o vaso foi limpo. Pois se as atirares [aí] por presunção, elas serão destruídas. E, se apodrecerem, tornam-se urina, ou vinagre, ou algo pior, se houver". Nada, com certeza, é mais pesado que essas palavras, nada mais verdadeiro, [palavras] com as quais o mais elevado entre os filósofos declarava que as letras e as doutrinas da filosofia, quando vertidas em um humano falso e degenerado, assim como se em um vaso imundo e poluído, são destruídas, modificadas, corrompidas, e (o que ele mesmo disse ao modo dos cínicos) se tornam urina ou algo, se houver, mais imundo que urina. Além disso, esse mesmo Epicteto, como ouvimos de Favorino, costumava dizer haver dois vícios entre todos de longe mais graves e perniciosos: a incapacidade de resistir e a incapacidade de abster-se, quando ou não resistimos aos sofrimentos que devem ser suportados, ou não nos abstemos de coisas e desejos em relação aos quais devemos nos conter. "Assim", diz Epicteto, "se alguém tomar a peito estas duas palavras e as velar através do governo e da observação de si mesmo, na maior parte do tempo não cometerá faltas e viverá uma vida tranquilíssima." Essas duas palavras, Epicteto dizia serem *anechou* (resiste) e *apechou* (abstém-te).

31. Arnóbio, *Adversus Gentes* 2, 78[6]

Quando se trata da saúde de nossas almas e de nossa dignidade, algo deve ser feito, mesmo sem a razão, como Arriano confirmava ter dito Epicteto.

Fragmentos de autoria duvidosa
e espúrios

32. Estobeu, *Florilegium* III. 35, 10[1]
Do *Manual*, de Epicteto
Assim, em tudo, de coisa alguma toma antes o cuidado do que da segurança. Pois mais seguro do que falar é silenciar. E, ao falar, deixa de lado tudo quanto seja sem senso e repleto de censura.

33. Estobeu, *Florilegium* IV. 46, 22
De Epicteto[2]
Não se deve prender nem o navio a uma pequena âncora, nem a vida a uma única expectativa.

34. Estobeu, *Florilegium* IV. 46, 23
Do mesmo
Com as pernas e com as expectativas, é necessário marchar de acordo com as possibilidades.

35. Estobeu, *Florilegium* IV. 53, 27[3]
De Epicteto
É mais necessário cuidar da alma do que do corpo, pois é preferível estar morto a viver mal.

54   36. Estobeu, *Eclogae* III, 6, 59. Demócrito Frag. 232 (Diels)[4]

Das coisas prazerosas, as que são mais raras agradam mais.

55   37. Estobeu, *Eclogae* III, 6, 60. Demócrito Frag. 233 (Diels)

Do mesmo

Se alguém ultrapassa a medida, as coisas que produzem mais deleite se tornam as que produzem menos deleite.

114   38. Estobeu, *Florilegium*, Cod. Paris 1168 [501e][5]

Ninguém é livre não sendo senhor de si mesmo.

140   39. Antônio, 1, 21[6]

A verdade é imortal e eterna. Para nós, ela proporciona não a beleza, que é consumida pelo tempo, nem a franqueza, que é arrebatada pela justiça, mas as coisas justas e usuais, separando delas as injustas e refutando-as.

Notas

FRAGMENTOS DE MUSÔNIO RUFO E EPICTETO
[pp. 141-3]

1. Em Estobeu, esse fragmento aparece em seção intitulada "*Peri ton eph´hemin*" (Das coisas que estão sob o nosso encargo), na qual há citações do *Manual de Epicteto*. O título do fragmento nos é dado por Estobeu. O mesmo título ostenta os fragmentos 69, 70, 134 e 167: *Rhouphou ek tou Epiltetou peri philias*. Em latim: *Rufus ex dictis Epicteti de Amicitia*, o que, em português, pode ser assim traduzido: "De Rufo, a partir dos ditos sobre a amizade de Epicteto".

    Não há registro, entretanto, de obra epictetiana com esse título. Schweighauser (1800, p. 195) conjectura tratar-se de título de diatribe perdida, na qual Epicteto citava diversas vezes seu mestre Musônio. Embora haja, entre as *Diatribes* restantes, uma com o título "*Peri philias*" (Da amizade), nada impede que houvesse outras igualmente nomeadas, já que há, por exemplo, entre as *Diatribes* que nos chegaram, três intituladas "*Peri pronoias*" (Da Providência), quais sejam: I, 4; I, 16; III, 17.

2. Tal fragmento aparece em Estobeu em seção intitulada "*Peri anexikakias*" (Da resignação).

3. Licurgo é uma figura emblemática da história espartana. Sua memória é basicamente constituída pelo relato de Plutarco, que, na *Vida de Licurgo*, estabeleceu os elementos essenciais que formaram a tradição a seu respeito. A ele é atribuída a organização do espaço cívico espartano, com

160 OS FRAGMENTOS

suas esferas organizativas. Sua memória celebrava o espírito público e o culto às virtudes cívicas. Embora não seja possível sequer estabelecer se ele teria de fato existido ou não, a tradição costuma apontar os séculos VIII e VII AEC como o período de sua vida.

4. Tal fragmento aparece em Estobeu em seção intitulada "*Peri orges*" (Da cólera).

5. Em todos os fragmentos preservados da obra de Estobeu, esse fragmento termina abruptamente com *katá to adynaton einai*, o que, como observa Schweighauser (1800, p. 196), o torna sem sentido. Isso não foi notado por ninguém antes de Schweighauser, que conjecturou que a última palavra seria *ophelein* ou *blaphai*.

FRAGMENTOS DAS *DIATRIBES*, DAS *MEMORÁVEIS* DE EPICTETO E DE OUTROS ESCRITOS DE ARRIANO
[pp. 144-50]

1. Fragmento de diatribe epictetiana que aparece em Estobeu sob o título "*Arrianus Epicteti de superfluo studio*" (Arriano: Dos estudo supérfluos, de Epicteto). Schweighauser (1800, pp. 213-5) conjectura que o título da diatribe perdida deveria ter sido: "*Pros ton ek periousias peri ten physiologian espodakota*". Em latim: "*Ad eum Qui superflua opera phisiologiae studio incumbebat*", o que, em português, pode ser assim traduzido: "Àquele que se ocupava com os estudos supérfluos de fisiologia". "Fisiologia" significa aqui algo como estudo dos princípios da natureza (*physis*), estudos metafísicos, ontológicos. A insistência de um dos interlocutores (que pode ou não ser Epicteto) em designar como inútil a investigação sobre se a natureza, em última instância, é ser ou não parece desvelar uma crítica à Escola Peripatética, para a qual essa é uma das questões principais da filosofia, qual seja, o problema do ser (cf. Aristóteles, *Categorias*, 1 b ss.; Aristóteles, *Metafísica*, IV, 4).

2. O tema desse fragmento é tratado no capítulo XVII do *Manual*. Cf. Diógenes Laércio, II, 25; Aristóteles, *Retórica*, II, 23; e Sêneca, *Dos benefícios*, V, 6.

NOTAS

3. Rei na Macedônia entre 413 e 399 AEC.

4. Aproximadamente um quilo.

5. Esse fragmento aparece na nota ao fragmento 71 da edição de Schweighauser (1800, p. 197, nosso fragmento 10), que não vê como tal asserção possa ser epictetiana. Isso por causa do *megalothymos* que pode ser interpretado como "de alma grande, magnânimo", o que daria ao fragmento um sentido completamente distinto do que se conhece do pensamento de Epicteto (cf. fragmento 17, por exemplo). Porém, *thymos* pode significar, além de alma, vontade, desejo, coração como sede dos sentimentos e paixões. Assim, *megalothymos* significaria aqui algo como alguém muito passional. Daí nossa tradução "animoso", quer dizer, "violentamente passional", tradução que dá sentido ao fragmento como um todo.

6. Os fragmentos 11 (15) e 12 (16) aparecem em Estobeu em seção intitulada *"Peri aphrosynes"* (Da demência).

7. Ver *Diatribes*, II, 24-25. 12 (16) Quanto a "Sou melhor que tu, pois tenho muitas terras, e tu és um morto de fome", ver Platão, *Banquete*, 207 b.

8. Esse fragmento, embora pequeno, nos chegou muito mutilado e sofreu grande trabalho de análise, conjectura e restauração até ser estabelecido. Para detalhes sobre todo o trabalho de reconstrução, cf. Schweighauser (1800, pp. 182-3), em que percebemos, aliás, que o fragmento, por equívoco, é numerado como XII.

9. Segundo Schweighauser (1800, pp. 200-1), esse é com certeza um fragmento de diatribe. O fragmento se refere às *Memoráveis de Sócrates*, I, 4, 7.

10. Servir aqui é tradução de *hypereteo*, que significa literalmente "servir como remador".

11. Com base nesse fragmento e em sua compreensão do termo *megalothymos*, Schweighauser descarta a possibilidade de que o fragmento que ele apresenta na nota ao fragmento 17 seja de Epicteto. Ver a nota que fizemos ao nosso fragmento 10.

12. Quanto ao conteúdo do fragmento em questão, ver *Diatribes*, II, 4, 8 ss.; II, 11, 17 ss.

13. Quer dizer: não pertencentes a um só homem, mas podendo deitar-se com vários.

162   OS FRAGMENTOS

14. Que dizer: Platão não propõe que as mulheres se casem e sejam adúlteras.

15. Ver *Diatribes*, II, 11, 17.

16. *Dogma* aqui significa precisamente "princípio filosófico".

FRAGMENTOS DE EPICTETO CITANDO AGRIPINO
[pp. 151]

1. Referindo-se ao mesmo episódio, Epicteto nos diz nas *Diatribes* (I, 1, 28 ss. — tradução nossa):

Por essa razão Agripino disse que "Não farei obstáculo a mim mesmo". As seguintes palavras lhe foram trazidas: "Que o teu caso está sendo decidido no Senado". (29) "À boa fortuna!", disse Agripino, "mas agora é a quinta hora (nesta hora ele costumava tomar um banho frio depois de exercitar-se): que saiamos e nos exercitemos." (30) Enquanto se exercitava, alguém, vindo a ele, disse: "Foste condenado!"; "Ao exílio", indagou Agripino, "ou à morte?"; "Ao exílio"; "E os meus bens?"; "Não foram confiscados"; "Vamos, então, para Arícia e almocemos lá" (31). Isso é ter praticado as coisas que se devem praticar, ter bem--dispostos o desejo e a repulsa, (32) não sendo impedido e não se deixando abater pelos desastres da vida. É-me necessário morrer. Se agora mesmo, morro, se dentro de pouco tempo, agora almoço na hora própria; depois, no tempo devido, morrerei. Como? Como se dá com aquele que restitui as coisas dos outros.

E mais adiante:

(12) Por isso, quando Floros refletia (12) se lhe era necessário ir ao espetáculo de Nero a fim de que (13) também contribuísse com ele, Agripino lhe disse: "Vai!". (14) Mas quando Floros lhe indagou: "Por que tu mesmo não vais?", ele disse que "Isso para mim está fora de cogitação" (I, 1, 11 ss. — tradução nossa).

Quanto a Arícia, era a primeira parada para aqueles que saíam de Roma em direção ao sul e ao leste.

NOTAS 163

FRAGMENTOS DE EPICTETO EM MARCO AURÉLIO ANTONINO [pp. 152-3]

1. Em Marco Aurélio, há outras sentenças de Epicteto (ver, por exemplo, Marco Aurélio, *Meditações*, IV, 41; XI, 34-36), que constam do *Manual* e das *Diatribes* que nos chegaram.
2. Schweighauser (1800, p. 218) comenta que Marco Aurélio poderia ter diante dos olhos o capítulo II do *Manual*: esse fragmento seria, na verdade, uma paráfrase de parte desse capítulo.
3. Esse fragmento não é mencionado por Schweighauser. Foi incluído aos fragmentos de Epicteto graças aos estudos de Leopold e Baeithaupt.
4. Esse fragmento também não é mencionado por Schweighauser. Foi incluído entre os fragmentos graças aos estudos de Fränkel (*Philologus* 80 [1924], 221).

FRAGMENTOS DE EPICTETO EM AULO GÉLIO E ARNÓBIO [pp. 154-6]

1. Aulo Gélio (que viveu entre *c.* 115 e 180 EC) era de família abastada. Em sua juventude, viajou para Atenas, onde frequentou cursos e palestras de importantes mestres de então. De suas anotações dessa época, surgiu a obra *Noites áticas*, um trabalho eclético de vinte volumes, no qual trata de vários temas. Graças às suas compilações e anotações, hoje possuímos informações de obras que estariam perdidas para sempre.
2. *Dialexeis* (de *dialexis*: conversa, discussão), como Gélio chama as *Diatribes de Epicteto*. Ao longo desse fragmento, Gélio cita trechos em grego do texto que apresenta.
3. Na transcrição para o latim: *ou sunkatatithetai oude prosepidoxazei*. Em português, literalmente: "não dá assentimento nem confirma por aprovação".
4. Em português: "e confirma por aprovação".
5. Em português: "não dá assentimento".
6. Ver *Manual*, de Epicteto, cap. XXXII.

FRAGMENTOS DE AUTORIA DUVIDOSA E ESPÚRIOS
[pp. 157-8]

1. Esse fragmento, apesar da citação de Estobeu, não aparece em parte alguma do *Manual*, nem parece ter-lhe pertencido, já que Simplício não o comenta.

2. Segundo Oldfather (2000, p. 474, nota 1), esse fragmento e o próximo pertenceriam à coleção de Aristônimo.

3. Esse fragmento aparece em Estobeu em seção nomeada "*Synkrisis zoes kai thanatou*" (Comparação da vida e da morte) e em Antônio Melissa, no capítulo 1 de seu *Florilegium*, intitulado "*Peri thanatou*" (Da morte), no qual é atribuído a Epicteto.

4. Este fragmento e o próximo pertencem, na verdade, a Demócrito.

5. Fragmento atribuído a Epicteto por Máximo. Em Estobeu, é atribuído a Pitágoras.

6. Oldfather (2000, p. 476, nota 2) observa que o estilo e o conteúdo desse fragmento não são epictetianos.

Referências

ASMUS, Rudolf. "Questiones Epicteteae". In: *Friburg Brisigavorum*. Tübingen: J. C. B. Mohr, 1888.

BLANCARD. *Epicteti Encheridium: una cum Cebetis Thebani Tabula Græc. & Lat. Cum notis Wolfii, Casauboni, Caselii & aliorum / Abrahamus Berkelius textum recensuit, & suas quoque addidit. Accedit Graeca Enchiridii paraphrasis, lacunis omnibus, codicis Medicei ope.* Delphis Batavorum: 1683.

ELTER, Anton. *Epicteti et Moschionis Sententiae.* Bonn: Georgi Typograheo, 1892.

MEIBOMIUS, Marco. Epicteti *Manuale et Sententiae. Quibus accedunt Tabula Cebetis, & alia affinis argumenti, in linguam Latinam conversa a Marco Meibomio. Subjiciuntur ejusdem notae, emendationes Claudii Salmasii in Epictetum, notae illorum & alius viri docti in dessertationes Epicteti ab Arriano digestas, & varians scriptura codicum mannu exaratorum.* Trajecti Batavorum: Ex officina Gulielmi Broedelet, 1711.

OLDFATHER, William Abbott. *The Discourses of Epictetus as Reported by Arrian.* Books I, II. Cambridge: Harvard University Press, 2000a.

_____. *The Discourses of Epictetus as Reported by Arrian.* Books III, IV: *Fragments; Encheiridion.* Cambridge: Harvard University Press, 2000b.

SCHEGGIUS, J. *Epicteti stoici philosophi enchiridion cum Angelo Politiani interpretatione latina — item Arriani commentarius disputationum ejusdem Epicteti.* Basileia: 1554.

SCHENKL, Heinrich. "Die Epiktetishen Fragmente". *Sitzungs-berichte der philos. — hist. Calsse der K. Akad. der Wiss.*, Viena, v. 115, pp. 443-546, 1888.

_____. *Epicteti Dissertationes Ab Arriano digestae.* Epictetus. Leipzig: Teubner, 1916.

SCHWEIGHAUSER, Johann. *Epicteteae Philosophiae Monumenta.* 3 v. Leipzig: Weidmann, 1800.

UPTON, John. *Epicteti quae supersunt dissertationes ab Arriano collectae nec non Enchiridion et fragmenta Graece et Latine... cum integris Jacobi Schegkii et Hieronymi Wolfii selectisque aliorum doctorum annotationibus.* 2 v. Londres: Thomae Woodward, 1741.

WOLF, Hieronymus. *Epicteti Enchiridion: una cum Cebetis Thebani Tabula Græc. & Lat. Quibus... accesserunt e graeco translata Simplicii in eundem Epicteti libellum doctissima scholia, Arriani commentarium de Epicteti disputationibus libri iiii, item alia ejusdem argumenti in studiosorum gratiam.* Basileia: 1563.

LEIA MAIS PENGUIN-COMPANHIA
CLÁSSICOS

Platão

**Fédon
ou
Sobre a alma**

Tradução, introdução e notas de
GABRIELE CORNELLI

Há vida após a morte? A alma é imortal? A virtude permanece no além-túmulo? Questões como essas permeiam um dos mais famosos diálogos de Platão.

O ponto de partida é a condenação de Sócrates à morte e o diálogo que ele trava com seus amigos momentos antes de tomar veneno. Platão, seu discípulo, recria esse momento angustiante e belo em uma série de discussões dialéticas.

Nesta tradução, ao mesmo tempo rigorosa e acessível para leitores não versados em filosofia, *Fédon* se revela como uma obra-prima do debate e da reflexão metafísica.

WWW.PENGUINCOMPANHIA.COM.BR

Esta obra foi composta por Alexandre Pimenta em Sabon e impressa em ofsete pela Lis Gráfica sobre papel Pólen Natural da Suzano S.A. para a Editora Schwarcz em julho de 2025

A marca FSC® é a garantia de que a madeira utilizada na fabricação do papel deste livro provém de florestas que foram gerenciadas de maneira ambientalmente correta, socialmente justa e economicamente viável, além de outras fontes de origem controlada.